· 洋葱、萝卜，和西红柿

· 不相信世界上有栗子这种东西

· 它们认为那是一种空想

· 栗子不说话

· 默默地生长着

不懂项目管理，还敢拼职场

最省力的职场做事秘笈

李治（栗子面）著

湖南文艺出版社
HUNAN LITERATURE AND ART PUBLISHING HOUSE
博集天卷
CS-BOOKY

图书在版编目（CIP）数据

不懂项目管理，还敢拼职场 / 李治著 .—长沙：湖南文艺出版社，2011.6
ISBN 978-7-5404-4913-1

Ⅰ. ①不… Ⅱ. ①李… Ⅲ. ①成功心理－通俗读物
Ⅳ. ① B848.4-49

中国版本图书馆 CIP 数据核字（2011）第 070045 号

上架建议：职场 | 励志

不懂项目管理，还敢拼职场

作　　者：李　治
出 版 人：刘清华
责任编辑：丁丽丹　刘诗哲
监　　制：蔡明菲
特约策划：潆　娜
营销编辑：尚　蕾　布　狄
版式设计：风　筝
封面设计：蒋宏工作室
出版发行：湖南文艺出版社
（长沙市雨花区东二环一段 508 号　邮编：410014）
网　　址：www.hnwy.net
印　　刷：北京嘉业印刷厂
经　　销：新华书店
开　　本：787 × 1092　1/16
字　　数：200 千字
印　　张：15.5
版　　次：2011年 6 月第 1 版
印　　次：2012年 8 月第 4 次印刷
书　　号：ISBN 978-7-5404-4913-1
定　　价：32.00 元
（若有质量问题，请致电质量监督电话：010-84409925）

推荐序

工作，要的就是乐趣

《杜拉拉升职记》作者　李可

如果你是职场新人，如果你还不知道项目管理为何物，那你很有可能会把这本《不懂项目管理，还敢拼职场》误归到经管书的行列，如果你不幸这样做了，那你就错过了一次绝佳的学习和成长的机会。事实上，项目在我们的职场中，无处不在：做一份PPT报告是项目，组织一场产品展示会也是项目，开发一种新的产品，更是项目。项目可大可小，但如果懂得运用项目管理的知识，可以为你的职场增光添彩。

严格说，李治的这本《不懂项目管理，还敢拼职场》算不上一本系统描述如何进行项目管理的课程读物，而是一本凝结了项目管理精华和李治个人成长心得的启示录：职场中，怎么把平凡的事做得不平凡，怎么把复杂的事变简单？怎么运用PPT、Outlook、Excel等五花八门的职场小工具，极大提高你的工作效率？怎么打通人脉，调动全公司的力量为你的项目开路？怎样让利益不同、价值观不同的一群人快乐地和你一起工作？事事皆学问，人人都是你的老师。当栗子用自己稚嫩的肩膀扛起健康油大项目的时候，我仿佛看到了另一个杜拉拉，她的work hard（努力工作）不如work smart（聪明工作）的“懒蚂蚁”工作方式，她出色的解决问题的能力，她的小虾米勇敢挑大梁的无畏精神，她的“项目没有成败，只有项目成员下次还愿不愿意跟你一起干”的职场人际经，她在工作中一点一滴的心得与收获，一张张图表，一页页PPT，都给我留下了深刻的印象。

现在图书市场上讲职场厚黑的多，讲怎么踏踏实实把工作做好的好书少，李治的这本书，对于每一个奋斗在职场的人都有很正面很阳光的引导，更有可用于实战的N多小方法，以及她在工作中的痛和快乐，对职场和对人生的感悟。

阅读的过程中，恍然回到我自己的成长岁月。

读这本书吧，和栗子一样出色！

自序

接下来要伴随你榻上、厕上、马上的这本书的女一号就是我，栗子，身份证上的大名李治。因为80%的人会说是男孩子的名字，50%的人会说是皇帝的名字，所以特别强调一下性别女。名字的事困扰了我好多年，直到我去美国留学，因为外国人不会念zhi这个音，我终于有机会给自己起一个女孩子的英文名字了。就着李治的谐音，我抱着字典挑了个英文名字Liz，后来才知道是伊丽莎白的小名。这回可好了，一个中国皇帝的大名、一个英国女皇的昵称，正好凑成一套。再后来，我这Liz的名字又被不会说英语的老妈再次谐音为栗子，于是连我的粉丝团都直接有了名字“栗子面”。老妈说：“孩子，我看你就像个栗子，外表扎扎哄哄的都是刺，别人轻易不敢碰，其实真正懂你的人，知道里面是甜甜的软软的心。”嘿，老妈也煽起情来了，但她说得对，我是一个需要人读懂的人。但愿那个人就是马上要陪我一起哭、一起笑、一起愤愤不平的你。

曾经一本静悄悄出版的小书《别告诉我你懂PPT》，让我“一不留神”成了畅销书作者，之所以没有用“作家”一词，一是不敢，二是不想。啥叫“家”——专门从事某一工作的人。我不喜欢宅在家里当作家，而更愿意不断尝试新鲜的东西，并把酸甜苦辣拿出来与大家分享。写作不是我的爱好，这是份苦差事，最需要的是耐心，可我恰恰最缺这个。我甚至打赌天底下也没有人喜欢写作，因为太累、太孤单。

在第一本书出版后，我收到了几百封读者来信，很多粉丝变成了密友。

其实他们中很多人是真正的PPT高手。但他们没有笑话过我的班门弄斧，而是真诚地和我分享秘籍，给了我很多鼓励和支持！

众多读者和出版社都纷纷来怂恿我出《别告诉我你懂PPT 2》。但大家万万没想到，这么张扬的书名背后竟然是如此自闭的作者。就连跟风书都开始在网上疯狂搞活动了，我依旧沉默。如果就着《别》的风头再跟一本，非常简单，但我知道，这将让我耻于面对我的栗子面们，自己都会有审美疲劳。这种做法很少有人理解，但我坚持。我需要突破，突破一本让自己绞尽脑汁、集中了十年精华的书。

就在北京最冷的春天，一天早上，没有沙尘暴，晨雾刚刚散去，我在班车点等班车，脑子里回想着一封封读者的来信。大家到底想看些什么？忽然一阵小风，吹来了这本书的思路，让我兴奋了整整一天。我要跟大家分享的是职场“干货”，也就是怎么把每一项工作都做到位的独门秘籍。没有职场厚黑、没有钩心斗角，只有最最实在的、如何把事情做到极致的一些小方法、小体会。希望这本书能成为大家职场路上最实在的工具和助手。这本书记录了我从白纸到白领的蜕变历程，更是用眼泪泡大的成长史。我也曾经尝试着写小说。刚写了个开头，发给几个朋友一看，人家说了：“就你这个，也叫小说？真人真事的？算了吧，职场小说都臭了街了，您别再凑热闹了。”大家这么一说，反倒提醒了我。为什么要编那么多故事来骗人呢？不妨就写写我身边最真实的故事，分享最实用的职场工具。

天下多千里马，而少伯乐，我有幸结识后者；职场里多政治，而少经典，我努力铸造后者；管理上多理论，而少实践，我不得不纠结于后者；人生多忙碌，而少思考，我迷恋于后者。

这也许是一本让您非常失望的书：论写升职技巧，比不过杜拉拉；论写项目，比不过三斤重的美国项目管理协会专业的项目管理手册PMBOK；论写管理，更不敢和我佩服得五体投地的德鲁克比。但这是一个真实的故事，您将看到一个稚嫩的栗子努力地撑起一个大项目，看到她做了很多傻事，看到她在细节里成长。她不是一个有资本居高临下教育下一代的成功人士，也不是“我国著名的××家”，她就和你一样，摸着石头过职场的大河。她犯过很多办公室里的忌讳：哭鼻子，说话直截了当不过脑子，甚至敢和领导吵架。虽然栗子现在不哭了，却真真正正怀念那个哭鼻子的年代，在委屈里学习，在委屈里成长。

单凭着一股子“做简单的人，挑战复杂的事”的劲头，她最终得到了团队的认可。故事里面，有很多栗子自己总结的做项目的小窍门、小工具，有项目中每一步的PPT应该怎么写、注意哪些要点，更有职场里青涩的栗子与好老板、好同事之间的故事。学做事，学PPT，学做人。

这不是一本小说，因为书中每一个字都是百分之百真实的；这不是一本纪实文学，因为我们没有伟大到要用纪实文学来写传记；这不是一本管理教程，因为我们只是在实践中摸索；这不是一本PPT书，因为这里没有讲任何的PPT技术。这只是和你分享一段我和我的好朋友们在职场中最最难忘的第一段经历！

正当我反复修改书稿的时候，微博上看到了一位叫Hsk阿鸡的网友的一句话，打动了我的心：“每当你回忆起曾经的过往时，过去的幸福生活就会像PPT一样在你面前逐页翻过，接着，你就掉下了泪来。”当年轮又多了一圈，这本小书和你见面了，希望带给你一些阳光、温暖和快乐。

第一章　我不要当女博士

选择决定命运

第二章　勇当出头鸟

工作，要的就是乐趣！

第三章　我是健康油女王

自愿上大项目的“贼船”

第四章　不打无准备的仗

项目不能跟着感觉走

第五章　磨刀不误砍柴工

巧妙打磨小工具，让工作事半功倍

第六章　项目是细节堆起来的

一个好汉三个帮

第七章　项目倒计时
黎明前的黑暗

第八章　“女王”凯旋
成熟比成功更重要

第九章　不想说再见

不当女强人，我要的是工作与生活平衡

附录　解密跨国项目管理的组织结构

· 人物表 ·

卡罗斯
美国人，全球食品高级研发副总裁

库玛
印度人，技术专家

维多利亚（→卡罗斯）
阿根廷人，亚太区研发副总裁

布莱德（→卡罗斯）
美国人，中国区研发副总裁

戴希蕊
菲律宾人，亚太区食品市场副总裁

马克（→维多利亚）
澳大利亚人，亚太区食品研发总监

黄志（→布莱德）
北京人，中国区食品研发副总监

栗子（→马克）
北京人，亚太区食品研发经理

凯特（→马克）
澳大利亚人，亚太区食品研发经理

小邱（→黄志）
江苏人，中国区食品研发高级经理

瓦丽
泰国人，泰国区食品研发高级经理

琳达（→凯特）
泰国人，凯特的助理

第一章

我不要当女博士

选择决定命运

1 没有人可以轻松面对人生的拐点

2008年6月27日，泰国航空公司TG674航班缓缓地降落在首都国际机场。才早上六点多，崭新的T3航站楼将被一群睡眼惺忪的乘客打破寂静。我并不确定这是不是首都机场每天早上迎接的第一架航班，这对我并不重要，对我更重要的是，这是不是我最后一次乘坐这架航班。

我那时已经在位于泰国首都曼谷的百事亚太总部研发中心工作了将近四年。平时经常坐这个航班回家休假，这一次本来是为了参加第二天的项目管理师资格考试（PMP）而回来，但阴差阳错地，我必须在今天太阳落山前作出一个重大的人生抉择，是不是要离开那个我又爱又恨的曼谷，回到北京去另一家公司工作。航班是架老旧的飞机，还是一如既往的旅客不多，这是我选择它的一个重要的理由，因为我可以一口气打开三个坐椅之间的挡板，霸占三个枕头和毯子，蜷起身子睡上一觉。但是前一天晚上我却辗转反侧，一分钟也没有合上眼。我脑子反复思考的只有是否离职的SWOT（四个字母分别代表强势与弱势、机遇与挑战）分析。我甚至在反思，如果不是当年那段传奇般的面试经历，我现在会在哪儿？在做着一份什么样的工作呢？

没有人可以轻松地面对人生的拐点，因为我们永远不知道路的尽头迎接我们的是什么。就像2004年我放弃继续读博士，毅然决然地找起工作，也是一个恨不得咬破嘴唇才下的决定。那时，我从位于亚特兰大的美国佐治亚理工大学硕士毕业。当时就业形势虽然不能和2009年的金融危机比，但报纸上也大肆鼓吹这是自大萧条以来最难找工作的时候。这些所谓的科学统计数字背后，却是愁眉苦脸的应届生和变本加厉压榨起薪的公司。很多同学都不敢毕业而选择了继续“深造”。我实在对当第三种人——女博士没有兴趣，就硬着头皮找工作。为了这个决定，老妈几年后还骂过我。但我当时是王八吃秤砣——铁了心了。当时临毕业导师劝我继续读博士，我说：“我宁可去麦当劳打工，也不去读博士！”气得七十多岁的老人对我说：“Shame on you!（为你感到耻辱！）”我理直气壮地告诉他：“我觉得我的书读够了，需要看看外面的世界。如果我去麦当劳打工，我会认真地看人家是怎么安排进货的；物流是如何管理的；电脑系统是怎么把一个订单从收银员那里传达到后厨，又如何在第一时间送到顾客手里的；遇到不同类型的顾客，应该如何应变；新产品又是如何在各个店里铺货的。这些都是我在试验室学不到的。”听我滔滔不绝地白话了一通，导师拧不过我，随我去了。我那时候真的不知道什么在等着我，但我知道读博士不适合我。

小八卦

几年后我真的碰到了一位这样从第一线成功的人，他是日本NP食品设备公司的老总芝村先生。他曾经蹲过监狱，出狱后到一家食品工厂做最简单的包装工人。但他每天下班后，都去看整个生产线，认真地学习机械设计。有一天，他被总裁叫到办公室。总裁说：“听说你蹲过监狱？”“是的。”“好的，这是你的工资，明天不用来上班了。”丢了工作，他只得租了间没有窗户的小房子，在那里实验他的机械和配方，花掉了他所有的积蓄。说到这儿，老人眼里闪着泪花。就在他最难的时候，台湾乖乖食品的老板给了他第一个订单，而且是预付的，后来是上好佳。现在他的公司已经是一家跨国企业。我曾经问他，NP代表什么？他笑着说：“No Problem!（没问题！）”

毕业典礼上，一个面试机会都没拿到的我，在硕士帽上用白色的胶条贴了四个中文字：青春无悔！想到这儿，我不禁嘲笑起当年傻乎乎的自己：“哈哈，臭栗子，你承认不，那是一种自我安慰的无奈。”那时候，我头一次感受到选择给我带来的压力。但多少年来，它也告诉我决定可以改变你的命运，但不能注定人生的成败。每一条路都会有它独特的风景。

2 失败了生活只是原样，但万一成功了呢？

飞机刚一落地，大家纷纷打开手机。后排的一位“成功人士”刚刚跟边上的人吹嘘了一个多小时“男版杜拉拉”的升职传奇。此时正扯着扩音器般的嗓子夹杂着英文单词，打电话给秘书安排工作。我暗自想着：“别光听那些所谓的成功人士娓娓道来自己的工作是如何的机缘巧合，好像上帝是他亲戚，其实所有的人都逃不掉一开始漫无目的的大撒网行动。就像笑话里说的，一个人吃了六个馅饼才饱，抱怨了一句‘早知道就直接吃第六个了’。直到找到了工作，谁也不会知道这第六个馅饼在哪儿。”

我当年的大撒网行动是在美国最大的招聘网站monster.com上面开始的。我在临近毕业的半年里就开始在monster上面撒简历，但都杳无音信。正在这时，系里的一次研究生演讲比赛给了我一个转机。

那时我刚刚参加一个美国专业协会研究生演讲比赛回来。然而，在最初得知有这个比赛，我鼓足勇气跟导师说我要参加的时候，内向的导师对演讲比赛的热情远远没有在期刊上发表文章的热情大，而且他严重怀疑我英语是不是够好。好在他没有阻止我，估计是没好意思正面打击我。为了准备这次比赛，我周末拿着摄像机面对空无一人的教室彩排，一练就是一整天。陪伴我的是麦当劳促销中两美元买一送一的巨无霸，午餐一个热的，晚餐一个凉的。两周过去，演讲水平的确见长，但是我已经听到巨无霸以及所有和汉堡有关的词就想吐了。

天下没有白吃的汉堡！我最终取得了第二名，五百美元奖金。有个朋友眼红地说："这是我见过的挣得最轻松的钱。"我承认我抓住了这次很多人不敢去抓的机会，但她不知道，为了台上那十几分钟，我下了多大的工夫，我对着镜子一句一句地练习手势和表情，一个音节一个音节地让我的导师帮我纠正发音。印象最深的是"very well"这个简单的词。我当时不分"v"和"w"的发音有什么区别，一律发"w"。但导师的头摇得像拨浪鼓，一边夸张地演示着，一边告诉我"v"要轻咬嘴唇，而"w"要把嘴撅圆。于是这样一个简单的词一下子化身成了绕口令。我一会"wery well"，一会"very vell"，一会干脆舌头打结、脑子短路绊在那儿，好像赵丽蓉说"司马缸砸光"。光这样一个"very well"我练了两天，可想整个十几分钟的演讲我练了多长时间。到最后我几乎到了将整个演讲稿融化进血液里的地步，就差说梦话也背稿子了。站在高高的台上领奖的时候，我真的想嘲笑自己妄自菲薄。我终于明白世界上很多的"不可能"是自己找的退缩的借口，有一丝的希望和机会，就应付出百倍的努力去争取。失败了生活只是原样，但万一成功了呢？可英雄不能总吃老本，这次系里的比赛要重打鼓另开张，还真有点儿心里没底。

这次比赛如果用那个稿子，我肯定有信心打败对手，但我不喜欢来回嚼自己嚼过的馍，于是我换了一个全新的难度更大的题目。让我没有想到的是，就好像奥运会上的篮球远没有NBA（美国职业篮球联赛）好看一样，这次比赛的激烈程度居然比那个全国性的比赛还高。这是系里的一个传统赛事，台下坐的都是在各大公司有头有脸的校友，教授往往通过这次机会与大公司寻求合作项目，所以每个导师都非常重视，希望借此机会展示自己组的科研实力。刚刚被五百美元奖金搞得有些忘乎所以的我，是不是这次要跌份了？管不了那么多了，先把PPT做好吧。对于PPT，我总是鼓励自己要“越P越精彩”，也就是每次都要有创新和突破，当然这次也不例外。为了让条理更加清晰，我用了三个不同的颜色来区分三个章节；为了把复杂的科学理论说明白，我做了几个动画演示；为了把高深的结论说明白，我用几个图片打比方[1]。总之，我想了好多办法来弥补我这张笨嘴的缺陷。

名次并没有当场宣布，而是等到晚上宴会即将结束的时候，系主任“丁丁丁”敲了敲高脚杯的杯沿，全场安静下来了。大家都屏住呼吸听他宣布第一名，我边上一个美国同学已经正襟危坐，准备冲上去领奖了，我几分嫉妒地盯着他。但系主任居然像我读“very well”一样费劲地读出我的中文名字，我一时没反应过来，赶紧用餐巾擦擦嘴，用手捣了两下头发，才走上台去领奖。这一次我又得到了一张一百美元的支票，而我知道它的分量更重。系主任礼貌性地夸了我两句，虽然美国人不讲究谦虚，说“哪里哪里”，但低调还是必要的，我咧着大嘴赶紧说：“都是导师指导得好。”其实我心里明镜似的，这么做PPT是因为我英文不好，被逼出来的。如果我也像美国佬那么能说，我还用得着费这吃奶的劲吗？现在想想，这就叫“失之东隅，收之桑榆”吧。就好像传播学的创始人威尔伯·施拉姆（Wilbur Schramm）是个口吃一样，上帝有时候赋予我们缺点，是为了让我们发现自己真正的特长。让我日后万万没有想到的是，这次比赛给我带来的不是一百美元，不是第一名的荣誉，而是命运的改变。

[1] 参见《别告诉我你懂PPT》，第173~177页。

3 偷来的面试机会

参加活动的这些企业界的校友，对我们这些嗷嗷待哺的学生来说，为我的求职打开了一扇窗。其实，与其说这扇窗户是为我打开的，不如说是我擦黑偷偷摸了进去。系里要求我们把所有参赛的PPT都上传到服务器的一个公共文件夹里。在这个文件夹中的一个隐藏的目录里，我偷到了一份机密文件：校友通讯录。我天生没有做贼的潜力，心里像揣了无数只欢蹦乱跳的小兔子，迫不及待地打开文件。只见这份通讯录里，有校友的名字、工作单位、职务和邮寄地址，但没有E-mail。这不是一般的通讯录，上面的职务最低也都是经理级的。我如获至宝，好像找到了藏宝图，自己赶紧连夜写了封申请信，并附上一份简历，还特别强调了自己在这次比赛中折桂，然后满怀希望地跑到邮局大撒网地寄给了通讯录上所有的校友，一共是六十多封。

信发出去，一如既往地石沉大海。终于，半个月后，其中一个中国人给我回了封信，我的心怦怦跳着，边祈祷边打开这封信："亲爱的栗子，希望你的信没有发出去太多，信的格式都不对，语法也有问题……"接下来他认认真真地给我改了一遍。讲老实话，我没有看他的回信。看着满篇红字的修改，心哇凉哇凉的，既然犯了这么低级的错误，这次尝试一定彻底完蛋了。又过了几天，一个大石油公司的人事经理热情地打来了电话，但她上来就跟我介绍说："我们这里研发部门有三百多个博士。目前，对留学生，我们只招博士。"这话要让导师知道，他不削死我才怪，只好继续等待。那个时候我已经毕业，看着桌上自己捧着"青春无悔"硕士帽的照片，有说不出的滋味。正在我灰心丧气，天天闷头睡懒觉的时候，一天早上，一串急促的电话铃声把我吵醒了。“你好，请问是栗子吗？”“哦，是的。”“我是百事食品亚太区的研发总监马克。我收到了一封从总部转来的你的简历，你有兴趣到百事亚太区来工作吗？”

“百事？”我们的学校明明是在可口可乐的总部大楼底下，我天天仰头看着它，梦想有一天能到那里工作，结果居然是百事给我打来电话。这事好像昨天发生的一样，我到现在还清楚地记得，它怎么一下子让我从睡梦中惊醒，怎么让我一下子抖擞起精神。“亚太总部？是在中国吗？”“哦，不是，是在泰国曼谷。”“百事？”“曼谷？”我想都没想过的！

其实自从来美国上学，我就盘算着毕业后在国外工作两年就回国。刚来的时候，我很不喜欢美国，我觉得这亚特兰大居然还举办过奥运会，马路窄窄的，红绿灯都是绳儿吊着，在半空中晃晃悠悠的，电线杆子都是松木的，马路上也没啥摄像头这种高科技，好像童年记忆里20世纪80年代末的北京。但慢慢地，我终于明白了“学习国外先进的管理经验”这句话的含义，懂得了比硬件更重要的是软件。俗话说，读万卷书，行万里路，其实比读万卷书更重要的是行万里路，行路的时候不但要用眼睛看，更要用嘴去交流，用脑子去问问题，用心去体会不同的人生。我们这一代“海龟”也好、“海带”也罢，最重要的使命并不是挣钱买车买房，研究打造中产阶级的捷径，而是把国外的所学、所见、所闻分享给别人。所以我希望毕业后能在美国公司工作两年，然后把这些感受带回国去分享。这也是我辛辛苦苦耐着寂寞写书的根源。靠冲动是写不出书的，写书靠的是信念。

这个叫马克的人电话里透露的工作，对我而言简直是狗熊碰上蜂蜜——挡不住的诱惑，如此天上掉下来的机会让我一下子有点缓不过神来。虽然是曼谷，但比起美国，离咱首都北京已经很近了，再说又是百事，国际顶尖的大公司呀，所以我欣然接受了电话面试！马克对我这个名校“工科女”首先警告说：“这里可没有高科技。”我回了句：“哦，反正我也没想过拿诺贝尔奖。”就这样，我和马克从第一次通电话起，就奠定了我们今后对话的基调——要贫嘴。而当我真正进入百事之后才知道，即使没有高科技，也同样需要严谨的工作态度和一丝不苟的专业精神，尤其后来的健康油项目给我上了终身难忘的一课。我当时虽然想象不出电话那边这个风趣的叫马克的家伙到底长什么模样，但我知道，他人真好，而且很幽默！他并没有问我什么特别难的问题，估计是对了脾气，聊得高兴就忘了问了，最后告诉我："我会安排你去达拉斯总部面试的。"我放下电话就按捺不住要得瑟一下，在房子里抡着胳膊学起了大象走路。我还从来没去过曼谷，那里到底是个什么样子？可能到处是金顶的宫殿，就像迪斯尼吧，我自己胡乱想着。

虽然聘书还八字没一撇，我却从情绪的低谷里走了出来，再不信报纸上、电视上鼓吹的工作多么难找。在我看，找工作就是个在绝望中寻找希望的过程：投无数封简历，无边的等待，无尽的失望，永远不知道离成功还有多远，但只要你坚持，忽然一天，天上真的掉下来一个馅饼，而且就是那第六个。但如果没有前面的海投，也不会在海选中胜出。

我这个蔫茄子又变成了获奖时那骄傲的小公鸡。美国的面试会是什么样子？百事的总部又是什么样子？不久后我得到了答案。

4 睁大眼睛逛500强的大观园

马克给我打完电话没两天，达拉斯总部那边通知我去面试。机票是秘书事先帮我订好的电子票。老妈没听说过面试还给飞机坐，更没听说过电子票，警告我小心骗子。不过，我还真成功登了机。

这次从亚特兰大去达拉斯，是我第二次自己一个人坐飞机，像所有不常坐飞机的人一样，我选了个靠窗的位置，一路上我把额头贴在窗户上，看着窗外的景色。云很淡，温暖的阳光直接慷慨地洒在西部坦荡的大地上，广阔、恬静、温暖，但我的心情却怎么也平复不下来。这次面试会改变我的命运吗？是要离开美国了吗？我将有机会在一个世界500强的公司中大展宏图吗？一个个的问题萦绕在脑海里，真如歌中所唱："我为你翻山越岭，却无心看风景。"

小八卦

和与我同时代的大多数留学生一样，人生头一次坐飞机就是来美国留学。那时候还没有啥富二代，几乎所有留学美国的人都必须拿到全奖才有可能拿到签证。当时我清华的导师谢老师正好也到美国做访问学者，我特意选了和他同一个到底特律的航班。他一路都不停地微笑着抱怨："当老师的还得管给学生拎包，真是岂有此理！"我回应道："姜太公云：'一日为师，终身为父'，您这叫'甜蜜的负担'。"我也就当谢老师是"愿者上钩"了。

不过有老师做伴，我父母倒是非常放心。谢老师当年是留日的。他非常鼓励学生出国看看，但更期待学成后能回国。当我和谢老师在底特律机场分手，各自转接下一趟飞机的时候，头一次踏上美利坚的我们就行了个美国式的大礼：热烈拥抱。他拍拍我的肩膀，告诉我："年轻就是资本，去吧！希望几年后在北京看到你！"（当年这个镜头没想到被另一个同一航班的清华老师看见了。他和导师认识，我们抱完，他们还脸红着打了个招呼。）接着我一个人坐飞机，从底特律到达了我学校的所在地亚特兰大。转眼两年多过去了，我再不是清华园里挫折教育的典型代表，我已经在美国名校里证明了自己的实力。坐在去往达拉斯的飞机上，我还记得谢老师给我的鼓励。大仲马说过："自信和希望是青年的特权。"可面对找工作的屡战屡败，这两点却成为年轻人最大的奢望。这次我会成功吗？

飞机缓缓地降落在达拉斯国际机场。出了航站楼，我在豪华轿车接机服务的地方见到了一辆黑色的林肯，上面的接机牌上写着我的名字。这是我有生以来头一次坐上所谓的"limo（豪华车）"，虽然不是加长版的，但已经受宠若惊了。后来我听说，通过校园招聘来百事食品总部集体面试学生们，公司派了一辆超级加长版的林肯来接机场接机，当时把所有的学生都震撼死了。虽然接我的只是辆普通的林肯，但我也已经很臭美了。司机穿套西服，礼貌地跟我确认了身份。他很诧异，我居然没有一件行李，就连个小挎包都没有。真实的原因是我除了上学的大书包，就没那种女孩子所谓purse的包包。我的"专业"行头只有一身黑色的职业套裙（这是我为找工作特意买的，总共花了四十多美元，是我当年在衣服上最大的一项投资。在美国面试必须穿黑色的，以体现正式，虽然作为中国人我总觉得有些不吉利，但也入乡随俗了），手里抱着一个黑夹子，十五美元在史泰博（Staples）买的，夹子里就放了驾照（在美国驾照就是身份证）、一张信用卡、一张银行卡、二十美元零钱、自我介绍的PPT光盘，还有笔和纸。

你不妨试试

很多《别告诉我你懂PPT》的读者问我，找工作的PPT应该怎么做。很遗憾，我当时那个已经随着我一个硬盘的报废再也找不回来了。我就用一个朋友的一页PPT

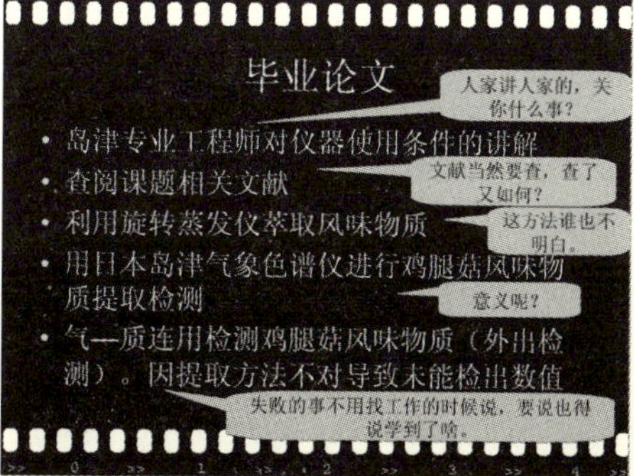

说明一下吧。这是我一个好朋友求职PPT中的一页。

这一页说的是她的毕业论文。她是学生物的，学历大专，这页里面说了一堆晦涩难懂的东东。天晓得她想说神马。最要命的是，她真老实，把失败的部分也写上了。我告诉她，要强调意义和难度。最后这一页改成了后面的样子。

网上有很多关于找工作PPT的样本，但大多还都是关注于PPT的设计。而我还是喜欢强调内容和思路。毕竟人家雇的不是美工。

我努力地让自己显得不像刘姥姥，保持，不，是端着咱中国人泱泱大国的范儿。但说实话，我还是心里嘀咕，关键是头一次坐这种车，不知道该给多少小费，况且，我一个穷学生，真没钱。我偷偷从夹子里拿出两张一美元纸币，在手里卷成卷，卷得很细很细。“反正美元都是绿色的，他也看不清多少钱，顶多事后骂骂我，下次又没机会坐他的车了。”我暗自给自己的抠门找着借口。司机反而比我大方多了，他常跑百事总部，一听说我来面试，就跟我说：“这个公司的人不错，经常坐我们的车子，祝你好运！”

小八卦

达拉斯很广阔，但不荒凉，到处是草，树的密度比号称森林城市的亚特兰大稀疏了很多。多年后我去过一次内蒙古草原，到了就感慨道：这儿跟达拉斯似的！百事食品的总部位于达拉斯北边，一个叫Plano（普莱诺）的地方。这附近都是大公司的总部，路的名字都和公司相关，比如Communication（通讯），Legacy（莱格西）之类的。百事食品的总部就位于Legacy Drive（莱格西车道）上。对面是美国著名的服装连锁店JC Penney的总部。后来有一次，我到总部来出差，坐酒店的摆渡车去公司，车上有很多JC Penney的人。我上车时居然被他们的着装吓了一跳。他们无论男女都是一身的黑色职业套装，而只有我穿得花枝招展的。我就跟他们开玩笑："不知道的还以为我是去JC Penney工作，你们是FBI（美国联邦调查局）呢。"结果人家礼貌地嘴角向上翘翘，似乎这就是微笑，谁也没答理我。我自己知趣，找个角落不言不语地坐下。看来即使都是美国公司，这公司和公司之间的文化还真不同呀。把自己嫁对人家是很重要的。

我的豪华车到了百事食品的总部。从大门进去，居然又开了好一阵才停到了总部大楼的门口。路两边的草地上开满了紫色的小野花，安静，自然。这种感觉跟我想象的高楼大厦完全不一样，后来我才知道，这也叫campus，它不是校园，但和校园有很多类似的地方：有很多很多草地，盖不高的几座楼，分别属于不同的部门，里面往往像个小社会，有一些除公司核心机构以外的功能，比如百事食品总部里就有银行、理发店、健身房等。

进入总部大楼，秘书下楼来接我。哇塞，美女呀，长得跟电影明星似的，金发碧眼，天使面孔魔鬼身材！她告诉我："马克是我的好哥们。他交代的事，我肯定办好。"她首先带我在总部转了一圈。这里有两座四层的楼，北面一座是研发的，戒备森严，需要单独刷卡方可进入，南面一座是其他部门的，是三角形的。比起整个campus的占地面积，总部的建筑面积真的是浪费土地资源。按咱国内容积率的算法，我估计有0.1就不错了。所有的会议室都是用品牌命名的，比如乐事、奇多什么的，百事全球也都用了这样的会议室命名方法。在参观过程中，让我印象最深刻的是接800消费者电话的部门。秘书向我介绍说："这是我们公司非常重要的一个部门，它为我们提供了消费者最直接、最真实的反馈。""真的会有人为了一包薯片打来电话吗？换做是我，要是不喜欢，下次不买了就完了。""会的！不瞒你说，在这里工作的全职和兼职的人一共有六十人，考虑到现在美国有很多的墨西哥移民，他们中很多人都能说西班牙语。其实你可能想象不到，我们接到的绝大多数电话并不是投诉电话，而是告诉我们他们有多喜欢我们的产品。"说着，她带我来到这个办公室的一面墙前面，墙上面贴满了快乐的消费者和百事产品的照片。这个时候我才恍然大悟，当我们认真地做了一个产品，然后给大家一个渠道表达意见的时候，你会收到更多的快乐和鼓励。

愉快的参观之后，就是紧张的面试了。

5 interview（面试）就是互相看

面试我的是公司两位高管。一位是魔鬼般冷峻的技术专家库玛，另一位是天使般热情的全球研发高级副总裁卡罗斯。如果让我总结的话，可以叫一半是冰山，一半是火焰。技术专家库玛是个印度人，很酷，不苟言笑，非常严谨。每次我想玩个幽默的时候都没有得到配合和呼应，好像一个拳头打到了半空中，看看没反馈，就偷偷地收回来。他不但面试我，还陪我吃午饭。公司的餐厅位于一楼，每位就餐的人可以免费得到一小包百事的零食。餐厅的后面是一个小湖，据说周长是二英里。后来，有一次公司搞部门间的拔河比赛，居然就是跨着这个小湖拔，一定要把对方拔到湖水里才罢休。这种热闹，就连词汇表里没有"看热闹"一词的美国人也颇有兴致。可面试那天，我丝毫没有兴致来欣赏这被微风吹皱的波光粼粼的湖面，那是我吃得最压抑的一顿饭。我正埋头小心地摆弄着手里的刀叉，一丝不苟地慢慢咀嚼每一口吃的，生怕我这不娴熟的西餐刀叉技术弄出什么不礼貌的动静的时候，库玛打破了沉默，掏出一支笔，继续了他在面试的时候没有问完的问题：让我在餐巾纸上给他画出几种不同类型的黏度曲线。俺的天呀，差点噎死我，这是我大学物理学得最差的一部分。好在是餐巾纸，我大概画了画，画不太清楚，居然侥幸蒙混过关了。前两年美国出了一本书叫《餐巾纸的背面——一张纸+一支笔，画图搞定商业问题》，我居然都没敢去翻过这本书，可想阴影之大，但我是真实版的"餐巾纸背面面试"。

而热情的另一半来自研发副总裁卡罗斯，他是我佐治亚理工大学的校友。我那满是语法错误的信就是寄到了他那里。虽然他那天没有去参加系里的活动，但他知道那个第一名的分量。他个子很高，恐怕有将近两米，但一点都不让我感觉有压力，他的笑容好亲切，把我从库玛那里感受到的拘谨通通融化掉了。我给他了一份我的PPT光盘。上面有我的一个自我介绍，一些个人资料，还有我参加全国演讲比赛的录像。他看了看我用心准备的各种材料，很开心，问我："你来面试觉得紧张吗？"我摇摇头。其实我真的不紧张，根本原因是我当时并不知道他的官到底是多大，后来我才知道他负责美国以外所有的食品研发，级别上比我高十级。

卡罗斯只是大概问了问我今后的打算，为什么希望来百事工作。我前一天刚刚查了公司的口号：Food for the fun of it!（食品，要的就是乐趣！）张嘴就回答道："我从小就喜欢吃零食，所以我觉得这份工作会让我开心死的。Work for the fun of it!（工作，要的就是乐趣！）"估计这句话给我加分不少，其实这也是我在百事工作的几年里最经常鼓励自己的话。面试的结尾，他问我有什么问题问他。我早就准备好了问题，问道："卡罗斯，作为一个研发高级副总裁，您眼里最重要的事是什么？"我脑子里预先期待的答案是"创新"，因为他负责研发嘛。这是我给卡罗斯下的套，然后我好顺杆爬，说我就善于创新！但他并没有跳进我设好的陷阱，而是告诉我："在我眼里，最重要的是要做到所有工厂每天做出来的同一件产品是一样的优质。如果你是在饭馆当大厨，保持品质一模一样并没有那么重要，但是作为一个全球的食品公司，这是我们最大的挑战。我们要让中国的薯片吃上去和美国的一样香脆，美国全国的各个工厂出产的产品吃起来也一样香脆。这件事是非常具有挑战性的！"这个答案大大出乎了我的意料。我当时没有太懂，但后来的健康油项目终于让我理解了，为什么花这么大力气只是为了确认新油没有影响薯片的口味和质量。有时候，没有区别才是最好的结果，这是我在百事上的第一课。百事的面试是我第一次正规的面试。我一直以为所有的公司都是这样做的，但后来我才知道，我是多么的幸运。

小八卦

我也听过一些朋友说起他们在国内面试的经历，包括一些比百事规模还大的国际大公司。但比起百事总部给我的感觉，他们就可怜得多。不但不是礼遇，甚至是"冷遇"。拿我一个海归朋友的两个例子来说吧。他面试的第一家公司在上海，从北京飞过去，自己垫飞机票钱。中午到了上海，没管饭，自己去楼下花八块钱吃的鱼丸。然后，只面试了一个钟头，连杯水都没给喝，连这个公司最著名的茶产品都没给端，就送客了。那天他飞机晚点，夜里一点才到北京。一天没吃没喝，但还记得礼貌性地给面试的人发了个短信："谢谢您的时间。我昨天很不幸，飞机晚点夜里一点才到。希望有进一步的消息通知我。"几天过去，没有任何回音，打发猎头去问，人家回复说他那天有一个问题没回答好，公司拿不准，要求他再飞一趟，和另一个上司面试。后来几经周折，他还是被录取了。但因为面试搞得他很不舒服，他没有接受这份工作，而机票钱是半年以后在几次催促下才给报销的。又过了两个月，他收到对方HR的一封让他哭笑不得的E-mail：您一定对我们非常专业和人性化的面试留下了很好的印象，请帮我们完成下面的调查。在这份调查的前面几个问题中，他都选的“非常不同意”，直到最后一个问题：您认为这次面试很有挑战性吗？他选了“非常同意”，并在说明栏里奋笔疾书：“一天不吃不喝，当天北京上海往返，早上五点出门夜里一点到家，体力上的确非常有挑战性。”

第二家是在北京，同样的500强企业，而且是前五名的一家。就是他这样在国外有丰富经验的人居然要走和大学生一样的流程，先网试、再笔试、接着考英语，才能见到活人。他说：“我也就比现在考脑筋急转弯才能上幼儿园的小朋友幸福点。”为了准备面试，他居然登录了很多大学毕业生找工作的网站。而且笔试的时候，要求像小学生一样自己准备2B铅笔、橡皮和计算器。他跑了好几个超市，都没买到橡皮，最后我借了他一支带橡皮头的自动铅笔。说到这儿，他摇着脑袋，皱着眉头发牢骚说：“既然HR每周都有人来笔试，为什么就不能人性化地准备点铅笔橡皮呢？”最后他当然顺利地过五关斩六将，终于见到了活人。面试的时候，他自己感觉很好，但结果石沉大海，杳无音信。

很多人告诉我，对国内国外完全不同的面试感觉，区别主要是中国和美国国情的差别。我当时一下子没想明白为什么。作为一个刚毕业的学生，百事对我的态度让我都觉得不好意思，如果能在这样的公司上班将是我毕生的荣幸。而我这个朋友，有多年海外工作经验的海归，居然面对的都是各种刁难和过分的要求。当然，“过分”这个词是我给的，很多人跟我说：“这已经很不错了，海归又怎么样，现在大家都是这个流程。”这个问题我想过很久，后来我才意识到，原来在英语里，面试叫interview，是互相看。不但企业考察面试人，面试人也要看看企业是不是人性化，企业的风格适不适合自己。而在中文里，面试顾名思义就是面对面的考试。既然是考试，就有考官和学生之分，就有高低贵贱之分。所以企业总是高高在上的，要你过五关斩六将才能见到活人。

在我回国找工作的时候，我并没有指望有豪华车来接，但起码在中国没有一个公司让我在面试的时候参观过他们的办公区，给我讲一些他们引以为豪的故事，或是吃上一顿简朴的工作餐。这些原本可以让一个未来的员工体会工作氛围和感觉的机会，再没有遇到过。各位顶尖公司的HR们，在中国，人好找，但人才不好找，请像对待你未来一生的朋友那样，对待你面前这个或腼腆、或自大、或紧张的来面试的大学生吧。您要是面试的时候对别人好点，工资少点人家也愿意来；而要是面试的时候就在气势上压人一头，人家来了也不过是为了挣工资，过两年准跳槽。人心都是肉长的，将心比心吧。

你不妨试试

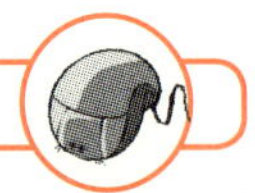

很多人问过我面试有啥秘诀。市面上也有太多关于简历和面试的书，都教你如何写简历，如何回答问题，如何着装，如何准备。但事实上，面试最重要的就是“蛤蟆看绿豆——对上眼了”。除了一些如去公司网站逛逛、注意穿着等基本功外，我觉得面试中最重要的是充分展现自己的个性，看对方的反馈。这叫做“名片效应”，也就是让别人看到“你想展示给别人的自己”。如果对方是正面的反馈，那说明你们对脾气，这事八成能行，英语里叫chemical，中文咱叫默契、投缘；但要是上来就拧着劲，给了聘书我也不去，省得到时候自己纠结。就好像我同样一份求职信，在一些人眼里就是语法改错题，而在百事领导们的眼里，却是他们见过的最好的大学生自我营销。

另外一个必杀技就是准备几个出彩的问题，让人家又好回答，又能看出你挺有想法。这是美国教育送给我一生的法宝。现在很多人迷信美国的教育，但我更感激我能够在美国和中国受到不同的教育。中国的教育教会我掌握知识、解决问题，而美国的教育则教会我问正确的问题，利用工具找到捷径。透露一个我百试不爽的面试问题吧："您能告诉我您在这家公司最愉快和最不愉快的经历都是什么吗？"每次我问这个问题的时候，都能看到面试官的微笑。通过这个问题，往往可以反过来考察出面试官的心态，更能折射出该公司的企业文化。比如，有一个面试官对我说过，他最愉快的事是公司招聘的都是顶尖大学中最聪明的人，和聪明人一起工作可以从别人身上学到很多东西，工作起来也很顺畅。而他最不愉快的事是他总是没有时间休完所有的假期，甚至填了休假的单子，也觉得家里没意思，不如到公司来上班。哈哈，我看出来了，这家伙十有八九是个工作狂，不过还好，对人还算友善。（友情提示：虽然这个问题真的很好用，但万一这本书畅销了的话，这个问题就该臭了街了。就算我抛砖引玉，您再自己举一反三吧。）

6 真的要和美国说再见吗？

后来听马克说，那天面试完，卡罗斯给他发了一封E-mail，简单得不能再简单："She's hired.（她被录用了。）"大老板发话了，马克只能照办。就这样，马克没见过我的面，就给我发了聘书。虽然每次马克故事讲到这儿的时候，总是装出一脸的无奈和不情愿，但我知道一次次快乐的电话交谈已经注定了我们会是默契的上下级。

虽说百事是我做梦都想不到会去工作的地方，但真的要离开美国了，一个很多很多很多人追梦的地方，很多很多很多人削尖了脑袋都要留下的地方，我真的要放弃吗？我犹豫了。人人都会讲：“Follow your heart!（追随我心！）”可是我的心在哪里？她什么都想要，却必须马上判断出哪个是鱼哪个是熊掌。百事开出的工资比起国内已经很高了，但比起美国要低一些。“我到底想要什么？”那几天做决定的时候，我几乎是一天一个主意：今天说走，明天说留下，后天说不知道。这些转瞬即逝的所谓“决心”都是成宿地在床上翻来覆去“烙饼”的成果。我咨询过很多人，有人鼓励我尝试，有人劝说我留下。一直耗到最后期限，我咬了咬牙，大笔一挥，签了合同。那天晚上，我跟室友玲玲在客厅聊到夜里一点多。那天她没说什么，只是眨巴着大眼睛听我一个劲地“虽然……但是……其实……唉……我想……命运……”这样的胡说八道。临睡前我告诉她：“哈哈，这也许是我人生中最困难的决定。希望五年后我有故事让你跟你的朋友讲，这个傻栗子当时是怎么犹犹豫豫的。”第二天我把合同通过FedEx（联邦快递）寄了出去。

小八卦

我曾在FedEx（联邦快递）的总部所在地孟菲斯的一家公司实习过。孟菲斯的人都会讲两个故事：猫王的死和联邦快递创业的故事。联邦快递的创建者是史密斯（Frederick W. Smith）。早在1965年，还在耶鲁上学的时候，他就写过一篇论文，提到美国需要一条运送包裹的定期航线。可当时教授们却觉得这个构想虽然很具创意，但实际上不可行，给了不及格的成绩。而六年后这个学生却依靠自己微薄的存款和大量贷款，把这篇不及格的论文变成了现实，最终开创了一个伟大的行业和事业。的确，很多成功的人会说，之所以成功是因为当年认准自己的路，坚决地走了下去！不过还有很多很多人也是这样做的，但失败了，惨败。就像笑话里说的，有个人问一个百岁老人："您长寿的秘诀是什么呢？"老人说："我一生坚持不抽烟，不喝酒，多吃青菜，多锻炼。"那个人说："我父亲也这么做的，但只活到了五十岁。"老人答："因为他坚持得不够长！"看来成功的确不能复制，但总可以给人以启迪。人生的每一个选择都有它的风险，如果不作选择，也一样有风险，因为你或许放弃了太多从身边溜走的机会。

从联邦快递出来，我给马克打了一个电话，告诉他我已经把合同签了。电话那边马克说："热烈欢迎呀！但你怎么听上去不兴奋呢？"我没吭声。我真的兴奋不起来，因为我并不知道在那个陌生的国度、陌生的公司里，除了这个没见过面的整天笑哈哈的老板，还有什么在等着我。我告诉导师，我要去做chips了。他本来还很高兴，以为我去做电子器件（那些半导体器件都叫chip）。我赶忙纠正他说："不，是吃的chips。""难道你就要去土豆一美元一大包的地方，卖一美元一小包的土豆片吗？"我想他一定觉得我傻透了，可是我合同都签了。

第二年我去罗马。在梵蒂冈的雄伟辉煌的圣保罗大教堂里我问一个牧师："为什么要信上帝，我觉得命运在我自己手中。"当时很多人都像电影里那样，跪在一个小窗口前，向牧师低声咨询。只有我坚决不弯下我高贵的膝盖，只是弯下腰，对着窗口大胆地问了我的问题。牧师很平静，他告诉我："上帝给我们的最重要的东西恰恰是选择，你可以选择信他，把心交给他，也可以选择不信。我们的命运是由选择决定的。”我没有继续问，尽管我选择了不信上帝，但他的话还真是有道理。就是这次选择，我离开了美国，进入了百事亚太区工作，彻底改变了我的一生。

第二章

勇当出头鸟

工作，要的就是乐趣！

1 终生受益的放羊式入职培训

最终和马克第一次见面时，我已经到了总部开始了为期三个月的培训，而他去芝加哥出差，特意绕到达拉斯见我。我们是在达拉斯机场的希尔顿酒店的酒吧里见面的，他是高高大大的澳大利亚人，剃着秃头，只有那副眼镜能让人觉得还有几分斯文，但笑起来相当可爱，像个大男孩。后来我才发现，他长得特别像怪物史莱克，就是缺乏了史莱克长相上唯一的优点：大眼睛。那天大屏幕正在直播波士顿红袜对纽约扬基棒球决赛的最后一场。酒吧里挤满了美国棒球迷，吵得要死，好像掉进了蛤蟆坑。我和马克要扯着脖子喊话。就是在那天，红袜破了八十年来的贝比·鲁斯诅咒[1]，赢得了冠军。

我和马克那天见面时，简单寒暄和拘束地自我介绍后，大家都在酒精的作用下放松了下来，谈话也恢复了从面试起一贯的轻松气氛。他给我介绍了一下亚太区的情况："别看我们的名头很大，但其实是个不大的组。我手下有四个

[1] 贝比·鲁斯诅咒，又称"圣婴诅咒"。1918年，波士顿红袜队在上世纪最后一次夺得美国职业棒球（MLB）的冠军后，球队被一个纽约人买走，后来，这个家伙又以12.5万美元将红袜历史上最伟大的强棒——绰号"圣婴"的鲁斯卖给死对头纽约扬基队。鲁斯也对他的"被转会"承担了很大的公众压力，很多粉丝骂他背叛。于是盛怒的鲁斯临走之前告诉那些不知内情的球迷："我从没想到要离开波士顿，但那些老板……不要把所有的责任都推到我身上，如果我要承担叛徒的名声，那么红袜就要以永远夺不了冠军作为代价。"这就是美国体育史上最著名的"圣婴诅咒"。他这句诅咒真的非常灵验，从此之后，扬基25次夺得总冠军，而可怜的红袜虽然4次闯入决赛，但最终都以3：4惜败。于是，百年以来波士顿红袜与纽约扬基依然是不共戴天的世仇。

直接汇报的人。一个做桂格燕麦片的经理、一个做口味开发的经理、一个高级工程师和你。我希望你能做一些新型产品的开发。这些产品不一定对市场是全新的，但对百事是全新的。这可是不小的挑战哦。同时我们会和泰国、中国、印度等团队有很多交叉合作的项目。我的老板是亚太区的研发副总裁，她叫维多利亚，能量十足，负责亚太区饮料和食品的研发。”“这个名字总部里很多人跟我提过，好像是个超厉害的女人。”“对，她是从达拉斯的工程师干起的。至于她多厉害，你以后就知道了！”说着，马克可爱地挤挤眼睛，一切尽在不言中。“那在曼谷你们都几点上班几点下班呀？”我当时甚至幼稚地以为大家要和美国时间同步呢。“这个问题很难回答，我是早七点到晚七点，维多利亚是中午十二点到晚十二点。”从没想到还有这样灵活的上班时间。“啊，那我还是和秘书一样的时间，朝九晚五好啦，放心吧，我效率高，保证完成任务。”“怎么样，在总部培训得还好吗？”马克的这个问题可让我一下子打开了话匣子。我首先得瑟地告诉马克：“卡罗斯请我吃午饭啦！”我人还没有到总部报道，卡罗斯秘书的信就已经发到了我的邮箱里：“亲爱的栗子，你哪天来报到？卡罗斯想请你一起共进午餐。”这样的待遇估计遭到了不少人的嫉妒，但更令他们嫉妒的是卡罗斯向我面授在百事做人做事的宝典。我向马克如数家珍地汇报着：

第一，“帮助其他国家研发部的同事不是简单的帮忙，而是你分内的工作。”

百事的美国总部光零食研发就有三百多人，而其他地方只有不大的团队，团队里一个人就要负责一个或几个品牌。不可能所有的工作都是自己从零做起，最重要的是要从别人那里学，而且快速地学。同时，这是一个互动的过程。只有当别人问你的时候，你无私地分享了，等到你遇到麻烦的时候，别人才会分享给你。在百事这个大家庭里，不要觉得帮助别人只是帮忙，那是你应该做的。马克听我复述到这里点点头：“看来我送你到这儿学习送对了。在百事，切忌害羞。如果有什么问题，抓起电话，打给相应的项目负责人，他们都会热情地接待你。给你举个例子，有一次我们做一个新产品开发，要添加花生粒，试验了几次都无法成型。后来看到美国有其他产品添加了花生粒，就和库玛约了个电话。他听了我描述的问题，笑笑说：‘你说的情况我太了解了，我们也这样失败过好多次，你这样再试下去也不可能成功。我们后来发现花生粒是有严格的尺寸要求的。我会让工程师给你发去供应商的联系电话。你看看是不是在亚洲可以找到类似的产品。’二十分钟的电话解决了我们的大问题。我们很快找到了供应商，成功地做出了样品。所以，栗子，记住了，你在这里的一大任务就是知道谁是负责什么项目的，以后有了问题好咨询他们。把库玛当成你的导师，他是技术大牛！”

第二，“在百事，要注意多钻研专业知识，分享经验教训，带领大家和你一起干。”

“马克，我明白钻研专业知识和分享经验教训的重要性，但是我不明白为什么卡罗斯要跟我这样一个小虾米说什么‘带领大家一起干’。”“哈哈，你很快就会明白了。在学校里，你自己做好论文就好了，但是在公司里最讲究的是合作。每个人都不是完人，有些人你一辈子不会和他成为朋友，但你必需和他合作。能够带领大家一起干的才是真本事。以后我就看你的了。”马克还是说得我一头雾水，不过他提醒我了，到了公司，个人英雄主义的时代就结束了。

第三，“要勇于表达你的观点，否则你顶多是一个好试验员。”

“栗子，我相信你不是一个好‘试验员’！”马克说完，跟我碰了个杯，然后仰头把杯中的葡萄酒喝了个精光。我接了句：“哈哈，我得想想你这话什么意思。”我们俩又开始斗上嘴了。

从此之后，这三句话成了马克挂在嘴边教育我的主要依据，更成为我快乐工作的行为指南。每一次挫折和成功，都让我更深刻地理解了它们背后的意义。

小八卦

虽然卡罗斯和马克都在反复强调分享的重要性，但百分之百无私的人是没有的，大家希望起码得到一些认同。有个朋友跟我说："你光说分享，我可吃了大亏了。我们一个办公室五个人，就我傻兮兮地喜欢分享，结果我边上那个丫头把我的创新想法用了，还去老板面前臭显摆。这种傻事以后我可不干了。"我笑了笑，对他说："那以后你们还不说话啦？""嗯，就不说了。"他倔强地点点头。"其实你可以改变这种情况。你可以用提问的办法，征求你同事的意见，然后等她说出自己的想法后当面夸她两句。再到老板面前汇报工作的时候，把她的名字捎上，说是她启发的你。这样不但你的劳动成果还归你，而且她也达到了在老板面前得瑟的目的。这样一来二去的，大家交流的氛围就好了，可以一起进步了。"我和我们组的工程师就是这样互补的。他有他的优势，对机械设备很懂行，我有我的优势，善于挖掘顾客需求。我们俩最喜欢在试验工厂的办公室里一屁股坐在桌子上，面对面天马行空地讨论问题，聊着聊着，就忽然萌发一个新产品的点子，然后马上就去做试验。有成功的，有失败的。失败的时候，哈哈一笑，不当回事，成功的时候自然要去马克面前邀功领赏。这个时候，我们俩总是互相吹捧。就这样，在别人眼里看起来最不服管的两个人，居然沆瀣一气成了黄金搭档。

2 新人就要上得厅堂，下得工厂

虽然在进百事之前，我也在其他的美国公司实习过，但没有一家像百事这样充满活力和热情。我眉飞色舞地跟马克讲述着我在总部培训时的所见所闻。在办公室里，同事们经常站在桌子上，越过高高的格子间挡板，探着脑袋和隔壁的同事边吃零食边讨论技术问题；我们会趁着开会的时候，把薯片拿回格子间，像小松鼠一样地储藏起来，工作累了的时候拿出来“咔嚓嚓”地慢慢放松；忽然蹦出个E-mail说有临近过期的产品可以免费拿的时候，这些受过高等教育的博士硕士们也忘了绅士风度，大包小包地抢，不过抢完以后还不忘分赃给周围的朋友。我很快就融入了这个集体，大家没有把我当外人，在有试验的时候都热情地叫上我一起去。

也许你想不到，我所有的培训资料只是报到第一天的时候，秘书给我的一份组织结构图。秘书告诉我：“这里副总裁级以下的所有人的Outlook上的日历都是分享的。整个公司可以说是靠着这个日历运作的。如果你想和谁开个会，就通过这个日历来发邀请，定时间、定地点，会议室也是通过这个日历来定，你可以看到哪个会议室哪个时间段有空。”她一边说着，一边给我演示着。

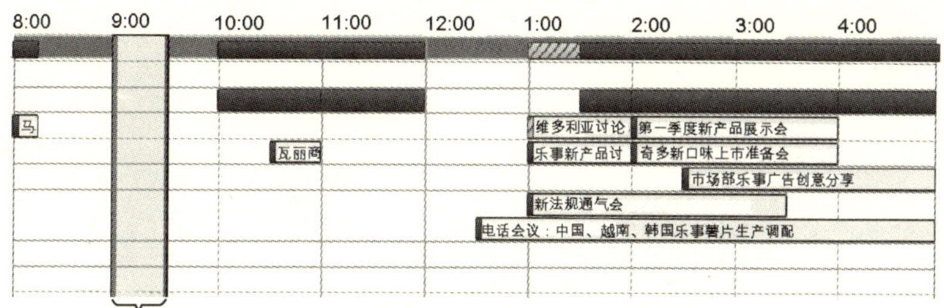

说明：定时间的时候最好前后都留出空隙，以免被之前或之后的会议影响，但定会议室要前后多定10~30分钟。

“大家基本上都是以半小时为一个单元的，通常不会有太长的会。每次和人家约会的时候，一定要写好主题、地点和议程。”她又指着一沓给我打印的组织结构图，说，“这是机密文件，不要乱放。第一页是各个部门的副总裁，你要和他们定时间的话，就通过秘书来定。后面每一页都是每一个副总裁下面的组织结构图。另外，最后一页我们叫做技术专家组。他们相当于公司内部的技术咨询专家，多花些时间跟他们聊聊，他们会成为你的好老师的。祝你好运！”第二天，我就开始了放羊似的培训。我挨个和每个副总裁的秘书定时间，和副总裁聊半小时，让他给我推荐下面的我需要聊的总监，然后是经理，接着是工程师。就这样，百事食品美国总部研发部门的三百多个人，我在三个月内“被会见”了一百三十个人，平均每天超过两个，包括了所有的副总裁、总监和专家组成员。那个时候，我问了很多傻问题，但就仗着一张厚脸皮和初生牛犊不怕虎的精神，我从那些高层身上学到了很多终身受益的大智慧，从中层那里体会到平衡管理和技术的重要性，也从工程师、试验员那里学到第一手的经验教训！比如，试验工厂里做计划的工程师就是我最好的朋友之一。她会告诉我，试验厂里这一周哪天的试验安排得最多，我就一大早开车过去，跟着不同的工程师、不同的项目组学习不同的产品线，一待就是一整天。我最喜欢从生产线上收集各种歪瓜裂枣似的残次品，一张张照相，然后问工程师们都是什么原因导致的，细心地做记录。我经常开玩笑说：世界上最好的学习方法是从失败中学习，而代价最小的学习方法是从别人的失败里学习。虽然大家听了都会扁我两句，但还是觉得这个小丫头傻得可爱。是他们一次次的尝试，让我受益匪浅；是他们一次次的失败，让我快速成长。就这样，三个月我了解了美国百事食品所有产品的流程和控制要素。几年后，当我成为被别人学习的对象时，我从来不会遮遮掩掩那些愚蠢的失败，因为我知道，分享这些失败不单会让自己印象更加深刻，也会让别人少走弯路。

说实话，工厂的环境我也不喜欢，噪声、粉尘，每次从工厂回家后都要洗半小时的澡，才能安抚我酸痛的脚和嗡嗡叫的大脑，但看到那些像变魔术的机器，把玉米豆豆变成好吃的玉米片，把土豆变成松脆的薯片时，我总是欣喜若狂，要看个究竟。我最喜欢的就是站在生产线的末端，看着刚出锅的好吃的向我涌来，然后抓一片最完美的放进嘴里。告诉你，刚出锅的比超市买来的好吃一百倍！想想小时候，跟妈妈要个零食吃多费劲，现在简直是梦想成真！就是这些小小的满足，让我喜欢上了很多职场新人最最厌恶的工厂。也许不单是做研发，做什么工作，第一线最基层的第一手经验都是最最宝贵的。虽然很苦很累、很不体面、很不小资，但那里却是让年轻人成长最快的地方。

马克非常满意我的培训成果，这种上得厅堂下得工厂的作风也让他放心了很多。他嘱咐了我两句话：“一、凡事多问为什么，这是学习最快的方法；二、交朋友比学知识更重要！我不指望你三个月后就能挑大梁，但你要知道在谁那里我们可以得到帮助。想想这个比例，总部是三百个人，我们只有几个人。”最后他告诉我，“记住，培训你不是总部任何人的工作，你只能靠自己，建立关系网，从每个人那里学习！”

再一次和马克见面时，我已经圆满完成了培训，交给了他一份满意的答卷。在这份答卷里，包括了和所有高级经理以上级别人的谈话记录，一份贴了每个人头像的名片夹。马克惊喜地笑笑说：“这是你的Bible（《圣经》），好好保管！”是的，我一直保留到今天。有些人属于给点阳光就灿烂，给点空间就驰骋的。马克是个播洒阳光的，我就是那个肆无忌惮奋蹄的。

3 把不起眼的活干得有声有色

2005年泼水节期间，我完成了在美国总部的培训，正式落户到一个陌生的国家，一个陌生的城市。在曼谷上班的第一天，我跟马克要了一份今后可能会一起合作的同事的名单，给所有人发了一封信：

大家好，

我是栗子，刚刚加入百事食品亚太研发团队，汇报给马克，负责新产品开发。以后可能会给各位添不少麻烦，请多多关照！

工作，要的就是乐趣！

栗子

马克第一个给我回了信："欢迎栗子，我马上要给你一个重要的任务！"说得好像007似的，我倒要看看是啥任务。结果，不大一会儿，马克抱来一只大箱子。"这里面是美国总部寄来的全球新上市的产品，你下周定个会议室，组织大家看看。"这也算重要任务？肯定是在忽悠我。马克刚走出我的办公室，马克手下负责桂格品牌的燕麦食品研发经理凯特满脸堆笑地跑过来，说："呵呵，栗子，你好，我是凯特，欢迎你哦！早听马克提起你，真高兴见到你。马克欢迎新同事的方式还真特别哦，秘书这下可以放假了。哈哈。"凯特也是悉尼人，看上去很热情，握手握得也很结实，但是我心里却觉得有些别扭。难道我来之前这是秘书的活？想到这儿禁不住有些失落，心凉了半截。我挤出笑容

送走凯特，冲着那只大箱子“砰砰”踢了两脚。没办法，既然是老板交代的事情，还是要做。我打开箱子，看着那满满一箱子各式的零食，我暗自赌着气：“既然他们瞧不起我，我就做个样子给他们看，哼。”

这是我在大家面前的第一次亮相，咱也玩个一鸣惊人。我觉得这种活动可大可小。如果就把产品往桌子上一摊，肯定没啥意思。我琢磨着要让这些坐着飞机漂洋过海的产品充分发挥它们的作用。这些作用就是挖掘它们身上有用的信息。

我对这个展示会的规划如下：

1. 我邀请了位于曼谷的泰国和亚太区两个团队中所有相关人员来参加展示会。

2. 每件产品都附了详细的介绍，而且还用荧光笔把重点标出来。

3. 每个来的人，都会得到一条不干胶，上面用不同的颜色标出来：整体最好的产品、最好的口味、最好的质地、最好的包装、最好的健康食品，等等。

如果你觉得哪个产品哪方面做得好，就把相应的不干胶贴到产品说明上，为它投上一票。

※此方法适用于所有实物新产品开发的公司。大家可以从网上或者商场上找到自己和竞争对手的产品，进行展示。孔子说：三人行，必有我师，我们总能从别人那里汲取到新的想法。

第一次，我谁也不认识，别人也不认识我，每来一个人，我就要解释一下活动的规则。活动刚开始的时候，人并不多。后来，就有人打电话叫组里的人参加了。又过了会儿，会议室已经挤满了人，喧闹声把马克的老板维多利亚也吸引来了。维多利亚跑过来对我说：“栗子，活动结束后，写份总结给我。”她用犀利的眼光坚定地看了我一眼，离开了。

小八卦

维多利亚个子不高，恐怕也就1.5米，但她的气场却是谁都不能忽略的。她拥有两个本科、三个硕士（含MBA，工商管理硕士）和一个博士，共六个学位，爱好是跑马拉松和铁人三项，一个名副其实的铁娘子。马克总是拿维多利亚安慰我这个剩女：“连她都嫁出去了，你愁个啥？”她老公是退役的英国皇家特种兵，两个人经常组队参加什么越野比赛。她就像一个压缩的能量块，外号“龙卷风”。就是她，创造了十年由一个工程师变为百事高级副总裁的神话。她曾经从达拉斯总部的一名普通工程师的位置中途离开过百事几年，在两家公司做了经理和高级经理，等再次回来的时候，直接来到曼谷做了亚太区的总监。又在两年的时间里，一手建立起了食品和饮料两个亚太研发中心，其中的饮料研发中心是全球纽约以外的第一个研发中心，她自己也升到了亚太研发副总裁的位置，我到百事一年后，她再次升职去了美国，做了百事三个健康品牌的全球研发高级副总裁。当时就是她从卡罗斯手里接过了我的申请，转给了马克。每次她给别人介绍我的时候，她总会说：“栗子的求职信是我见到的最好的，尤其是最后一段‘我有个好性格’！哈哈！”每次说到这儿，她总要用犀利的眼光看看我，然后大笑起来，我总会红着脸，琢磨她到底是在夸我还是损我。不过有一条我可以确定，就是我和她对了脾气！

总结？我是个什么都不懂的新人，怎么写总结呀？正发愁呢，马克走过来：

“栗子，干得不错。你知道这些产品都是怎么做的吗？”“这两个我就不知道，美国好像没有这种产品。”我指着两个巴西的产品。“这是巴西的一个特别的生产工艺。”马克一下子变成了大学教授，拿起白板笔给我在大白纸上画起了生产工艺图。他的课程也吸引来了其他几个研发的同事。“马克，你能帮我要一下这几个产品具体的配方吗？”一个个子小小、白白净净的泰国女生问道。“瓦丽，给你介绍一下，这是栗子，我们组的新同事。我回头让她去给你收集材料吧。栗子，这是瓦丽，泰国的研发经理，负责乐事和新产品的。以后你们会有很多合作的。”瓦丽双手合十，带着泰国人特有的微笑，膝盖一屈：“Sawadeeka（你好）。”我也照猫画虎地打了个招呼。瓦丽是个简单朴素的女孩，短发，戴副普通的眼镜，什么时候见到她都是笑吟吟的，英语说得很好，但泰国口音很重，我从第一次见面就很喜欢她。但没想到，后来我们俩成了一对欢喜冤家。

大家都走了，我和马克说起维多利亚要我写份总结。马克说：“栗子，洛克菲勒说过，成功的秘诀之一就在于将平凡的事，做得不同凡响。其实你已经有很好的素材了。你看看大家的投票结果，把最吸引人的要点提炼出来就好了。”他说得好轻松，但我足足费了两天，才憋出来一份总结，表面看语言轻松活泼，但我真的担心自己没有抓住重点。

亲爱的同志们：

感谢大家来参加我组织的新产品展示。以后这个活动每个季度都会组织一次，也欢迎你介绍其他相关的同事来参与。

在本次产品展示活动中，我们品尝了来自全球的54种新产品。经过大家的投票，选出的优胜者如下：

- 最佳产品奖：巴西的奇多辣椒口味（10票最佳产品奖；3票最佳口味奖）：新颖的形状、刺激的口味、升级的3D奇多包装一定会赢得当地小朋友的青睐。
- 最佳健康食品奖：美国的桂格香脆早餐条（8票最佳健康食品奖；2票最佳

产品奖；3票最佳口味奖）：想要在早上被香脆又健康的早餐从睡梦中叫醒，桂格最新的香脆早餐条是你最佳的选择。每天一包，可以帮助你降低胆固醇，里面的果仁和干果更能提供多种维生素和微量元素。是爱美的上班女性最好的选择。

…………

相信你一定想挖掘其中的一些产品更多的信息，请与我联系，我会尽我所能联系到相关负责人。

期待下次见到快乐的你！记得带上你挑剔的舌头和贪吃的胃！

工作，要的就是乐趣！

栗子

我开始只发给了马克的团队和维多利亚，但维多利亚立刻回复："请发给亚太区所有国家和地区的研发部和市场部的人。"紧接着，大家的鼓励雪片般飞来，纷纷要求下次一定再叫他们来参加。在马克的牵线搭桥下，对大家感兴趣的产品，我找到产品开发的负责人，要来相应的信息。就这样，一个被别人说风凉话的活动我一直干了下去。在写这第一份总结的时候，我只能写一些煽情的废话，到后来，我渐渐培养出了自己的看法，能抓住技术和市场的关键，对一些产品的技术引进提出自己的可行性分析，这些分析使得这个活动更有意义，也更有了魅力。这就是卡罗斯说的："要有自己的观点，否则只是个好试验员。"

或许当时谁也没有想到，这样一个秘书干的小屁活，让我慢慢成了百事全球的名人，只因为我骚扰过的人太多了。在这个过程中，我不是简单的邮递员，而是一个最勤勉的学生。我总是打开每一个文件，细心研究，有不懂的，我会打电话去进一步咨询。我渐渐才知道马克给我的是一个多好的锻炼机会，它真的是一件重要的工作。这样创新地、认真地、坚持地做一件芝麻绿豆似的小事，让我对自己这样一个小虾米有了一个非常好的定位，也许我就是那个纽带。五年后，当我的《别告诉我你懂PPT》出版的时候，百事中国团队的一个同事发来短信祝贺，她说："栗子，我在书里看到了你很多的分享，我也记得你当时跟我们分享的很多东东。谢谢你。祝你的书大卖！”我当时觉得暖暖的，想起了卡罗斯的话，“学习专业知识，与别人分享，带领大家和你一起干！”就是这个被我认了真的棒槌活，不到一年，我通过分享，学习了专业知识，还获得了大家的支持和信任。谁说只有领导才有领导力！

4 在会议记录中快速成长

自从新产品展示的总结得到了维多利亚的肯定，她又给了我一项秘书做的活：写会议记录。只要我们开会，有她在场，她就会指定我写会议记录。当时我刚到公司，一些食品专业的和公司商务上的英文单词我根本就听不懂。本来再简单不过的一个活，对我却是个大难题。我又不能让老板知道我听不懂，就只能打肿脸充胖子。

有一次，我们和印度那边开电话会议，刺啦刺啦的电话噪声中夹杂着对方叽里咕噜的印度英语，我都要崩溃了。正在这时，维多利亚以犀利的眼光看着我，来了一句：“Great，crystal clear！（好，非常清楚！）”意思是赶紧记下来。可我根本没听明白他们说什么了，一头雾水和汗水，笔尖悬在那里。赶紧趁维多利亚没注意，把求助的眼神递给了马克。马克有些幸灾乐祸地冲我挤挤眼睛。散了会，我像个泄了气的皮球一样直接钻进了马克的办公室。“哈哈，告诉我你都听懂了什么。”马克直截了当地问。我把本子递过去，上面只写了三行满是拼写错误的不完整的句子。“栗子，你别小看这个会议记录，它其实是非常锻炼人的。维多利亚之所以让你做，是因为她相信你能做得好。告诉我，我们整天为什么要开会？”“讨论问题。”我怯生生地回答。其实刚从学校出来不久，我还真不适应这种动不动就开会的生活方式。有的时候，我真的不知道开会是干吗的，本来就想老老实实当个萝卜往那儿一坐的，结果维多利亚这么一搞，我哪个会都得竖着耳朵听。“你错了，开会是为了达成共识，指定行动方案。所以会议记录最重要的是记录下大家都达成了什么共识，制定了哪些实施方案。所以，今天维多利亚看你的时候，就是要让你把我们同意的实施方案记录下来。记住，会议记录不是流水账。给你一份我的笔记，你回去整理一下吧。”我捧着马克的会议记录好像救命稻草。

好在我不是笨得不开窍，又经过了大半年的锻炼，我终于不用央求马克帮忙了。他和维多利亚在此期间给了我太多的鼓励，哪怕我没有记录到关键点，哪怕有拼写错误，他们都没劈头盖脸地骂过我。

一开始写会议记录的时候我总是逐条描述，比如：

1. 我们要进行一个新的零食项目，由马克负责，预算是8000美元。

2. 市场部3月底进行消费者调查，结果会在4月份得出。

3. 栗子负责在3月底开始进行基础配方和工艺的研究。

后来，我发现这样的流水账一样的会议记录往往没人会看，也不方便项目的跟踪。再加上我蹩脚的英语，很多时候写了半天别人也不明白谁要干什么。我一次又一次地改进我的会议记录模板，最后固定成了一个非常实用的、关注决议和行动的会议记录模板。

_____项目会议记录

日期20_____年___月___日　参加人：　会议记录人：

主要进展：	亟待解决的问题：
1.	1.
2.	2.
3.	3.

←老板需要关注的

行动纪要（黑色块为已达成一致意见；红色块为亟待解决的问题；灰色块为已完成的任务；浅红色块为后续工作。）

工作内容	截止日期	批准人	负责人	被通知人	备注
1.					
1.1	××月××日		×××	×××	
1.2	××月××日		×××	×××	
1.3	××月××日		×××	×××	
2.					
2.1	××月××日	×××			
2.2	××月××日		×××	×××	简述完成结果

下次会议时间： 下次会议参加人：

※请注意：这种会议模板只适用于内部交流。如果和客户交流的话，这个就太生硬了，建议采用E-mail或电话跟踪。

在这样一份会议记录里，大老板们只需要关注“主要进展”和“亟待解决的问题”。具体实施项目的人盯住“负责人”一栏中自己的名字对应的“工作内容”，确保在“截止日期”前把工作结果交给“被通知人”就可以了。当相应的“工作内容”完成以后，我会在备注栏做一个简单的标注，或者贴上文件的链接，然后把已完成的部分由红色变为灰色，以表示任务完成。同时，一些标注为浅红色的后续工作也可以转为红色，作为下一步的工作了。于是我们的目标也就简单多了：在下一次会议前把所有的红色项目都变成灰色。这样，再下一次会后，浅红色的项目就逐渐变成马上要实施的红色项目了。依次类推，项目就能按部就班地向前推进了。

多啰唆两句，很多公司都会要求写会议记录，但都是我开始时候写的那种流水账形式的会议记录，每一项工作只有负责人，而没有“批准人”和“被通知人”这两项。这两项是我经过反复修改后加上的。它们非常关键。

先说“批准人”。所谓的批准人，就是针对会议中已经达成意向的标注成黑色部分，这个批准人可以是某位领导，也可以是整个团队。把决议记录下来有两个作用：

1. 预防来回折腾。

很多项目之所以停滞不前、原地打转，就是因为本来已经作了决定，但没两天又因为各种原因给推翻了。这最消耗团队士气了，所谓一鼓作气，再而衰，三而竭。所以，决议就是决议，没人给你后悔药吃。有意见当时提，别玩事后诸葛亮。

2. 让决议人承担责任。

别以为乌纱帽是好戴的，您得承担相应的责任和风险。这里面写下了您的大名，您就得对决议负责到底。执行出问题，可以找小虾米抵罪，可方向指错了，就是您的问题啦。所以批准人这一项是个严肃的事。

再说说“被通知人”。这相当于“把皮球踢给谁”，但不是官僚扯皮，而是在你完成工作以后，把接力棒交给下一个人。大多数的会议记录里都没有这条。自己干完了自己的活，拍拍手，左右看看，“然后呢？”其实人家等你的结果呢。这样就造成了时间上的拖延和信息上的脱节。所以，“被通知人”就是你要交接力棒的那个人。项目就是这样一点点向前推动的。

5 救老板的火，让别人煽风点火去吧

总算一个新人渐渐在办公室里站住了阵脚。不管别人怎么说，自己忽然找到了点感觉，随之也就飘飘然起来。凯特绝没想到，当时她嘴里的“秘书的活”却被我干得有声有色，所谓的peer pressure（同事间的竞争）加上女人天生的敏感，让我们俩成为了表面最客气，但心里最较劲的对手。不过好在她做她的燕麦，我

做我的零食，我们俩井水不犯河水。但忽然马克命令我去燕麦组搅浑水了。这不，凯特一年半没折腾出个所以然的一个燕麦食品项目，马克让我接手了。

“栗子呀，真希望你能弄出来。我们的项目就指望你了。我全力支持你！”凯特的笑容里好像夹着一把刻薄的小刀：“哼，看你还得瑟，两个月，怎么可能？这下你老实了吧。”凯特的支持实在太“给力”了，就连配方里最基本的糖都不给，要我自己另找供应商采购。想指望她告诉我哪里可以做试验就更没门了。好在我人送外号Ms. Google（谷歌小姐），我不求人，自己找！我通过谷歌在全球范围内搜索能做试验的设备商，用了两周的时间确定了一家德国的设备制造商。对方是典型的德国公司：刻板、较真。一个合同翻来覆去了五个来回。马上要只身一人远赴德国做试验了，我忙着寄各种试验原料。我向凯特要奶粉的质保证书，她又是满脸堆笑地告诉我：“这是新西兰的奶粉，全世界的人都知道新西兰的奶粉是没问题的，放心吧，不用证书。”结果，正如她预想的，我的奶粉被卡在德国海关了。这个时候她又说了：“有点常识的人都知道，奶粉的进出口是很严的。”我当时一个人躲在德国的旅馆里委屈地哭了。我不明白，为什么马克要让我蹚这趟浑水，做不出来不是让凯特看笑话吗？我半夜里给新西兰的奶粉厂家打电话，但已经于事无补。我脑子里都是凯特的笑。她一定以为我所有原料都被卡在了海关，只能两手空空灰溜溜地回来了，但她不知道，我多了个心眼，怕万一奶粉通关有问题，我把它和重要的主料分开寄的。这样我至少可以保证试验可以进行，而奶粉我大不了去超市买，总不至于影响实验的安排。就是这个小鸡贼的举动救了我。第二天一早，我请设备商从当地给我采购了奶粉。

在项目进行前一定要进行风险分析。德鲁克曾经说过，成功的创业者并不是勇于面对风险的人，而是善于管理和规避风险的人。在项目管理中，风险是个中性词。好的要发扬，不好的要规避要转移，万不得已才要面对。风险管理主要分四个部分：风险识别；风险估计；风险应对计划；风险控制。就这个运输环节来讲，我们有主料和配料。好在凯特给我找的麻烦无论是糖还是奶粉都是配料。我通过风险分析，发现风险集中在奶粉上，但用量不大，万一出问题，也可以临时购买。我就把主要精力放在了确保主料不出问题上，找最靠谱的货运公司，备齐所有的文件和手续。而奶粉问题就一颗红心两手准备了。所以，在做项目前，脑子里要过一遍电影，把风险都尽可能扼杀在摇篮里。

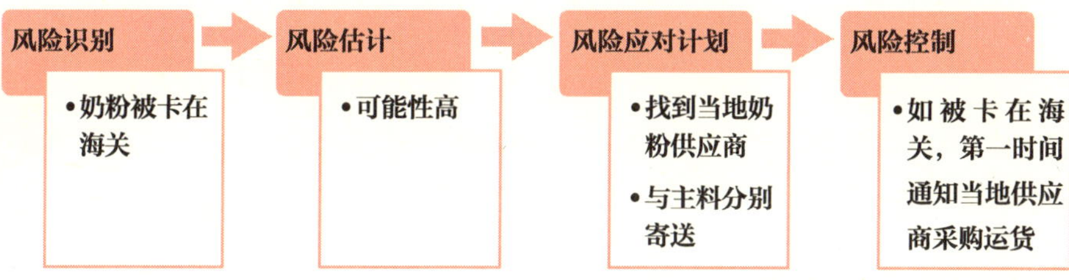

同刻板固执的德国人纠结了一周后，我终于捧着样品凯旋了，那天正好是老板交代我任务后的整整两个月，我拿着样品到实验室展示给他们看。凯特根本没想到我能完成任务：“栗子呀，你真行，祝贺你呀！”她的潜台词我是知道的：“行呀你，还敢拆我的台！”我傻笑了笑，心想，这下你知道我的厉害了吧！

我找到马克，真想一肚子的苦水都倒给他，告诉他任务完成得有多难，多委屈，下次这种活，千万别找我了。还没等我说到最委屈的关键，马克就笑了笑，说：“我手中就这么几张牌，你说我找谁？”唉，马克呀马克，你以为当你手中的老A这么爽吗？你知道你的王牌也会委屈得哭鼻子吗？

又过了不久，凯特的一次得瑟也被我瓦解了。我俩同时去布置一个公司内部会议的展台。有一个英国的乐事薯片产品用的是回收纸做包

装材料，凯特觉得很棒。可我觉得有些不妥，问道："消费者不会对回收纸的卫生有顾虑吗？"她扭着屁股说："也就是发展中国家的人会有这方面的顾虑，像我们发达国家的人才不会呢！"我猛然想起前两天看的CNN（美国有线电视新闻网）的关于澳大利亚缺水的新闻，便跟了句："哦，怪不得你们澳大利亚人要喝厕所回收的水呢！""这是两码事！"她一下子被我的联想能力说愣了。

年轻的时候，我很得意这个故事，觉得真给中国人长脸。但现在我才意识到这个得理不饶人的毛病好像每次都能让自己跩一阵，但实际上是刻薄和小心眼的表现，得罪了不少人。

6 能力再强，也要尊重上司

马克渐渐开始放手让我做一些和市场部合作的小项目，而我似乎有些自信心膨胀。虽然身为小虾米，但从不对上司低声下气，结果我就撞上了一个非常傲慢的市场总监。（我总觉得人是靠本事吃饭的，不是靠官衔来压人的。）他给出一个很空洞的市场概念，让我们技术部门帮他从产品上实现，还说了一大堆听上去完美，但实际上做到明年都做不完的机会。开始几次会就开得很不愉快。最后一次我俩居然吵了起来，我告诉他："这样做不行，根本不现实！"他冲我大嚷道："栗子，你话太多了！"我也不甘示弱："那好，我做两件事：闭……嘴！"（这是《怪物史莱克》里的一句台词。）我"啪"地合上笔记本电脑，摔门走了。两个人都生了一肚子气，他气哼哼地直奔马克办公室告我的状。

马克把市场总监送走，招呼我去他的办公室。我正好有一肚子委屈要倒："在我眼里，他没有一点项目的概念。项目首先是要确定项目范围。如果范围不确定，只是空中楼阁。"马克笑笑说："别生气。我想知道你对这个项目的想法。"我做了个深呼吸，用袖子把鼻涕和眼泪一起擦了一把，马克赶紧递过来两张面巾纸。我把我对那个市场概念的解读告诉了他，然后说："做项目不能摊大饼，什么都想做，不但要work hard（努力工作），更要work smart（聪明工作）。""你说说怎么smart（聪明）？""中文里我们有鱼（fish）和渔（fishing）的区别。很多时候，我们都在用手拼命地抓鱼，很费力，但收效甚微。但如果我们能静下心，往深处想想，发明些捕鱼的工具该多好。另外，还应该有个方法，找到最容易突破的地方集中火力。如果东搞搞、西搞搞，最后就成了小猫钓鱼，瞎忙活一阵，什么收获都没有。所以，这个项目，我们应该从更高一层的技术层面找到突破口，而不是这么眉毛胡子一把抓。""哈哈，我看你就是只'懒蚂蚁'！"马克说。"我才不懒呢！我这叫work smart（聪明工作）！"我嗓门高了一度，拼命反驳，觉得更委屈了。马克向我解释说："懒蚂蚁是在夸你，这是一个管理上的名词。这个现象是日本人发现的。他们观察一群蚂蚁，发现大部分蚂蚁都认真负责地搬运食物，非常勤快也非常负责，但少数蚂蚁却东张西望游手好闲，被称为'懒蚂蚁'。可是，当人为地断绝蚁群的食物来源时，勤蚂蚁表现得不知所措，反而是懒蚂蚁们挺身而出，带着蚁群去寻找它们从前早就侦探好的食物来源。也就是说'懒蚂蚁'把大多数时间都花在了思考上，而不是盲目地工作上。这就是所谓的'懒蚂蚁效应'。""哦。"我这才老老实实地坐在椅子上接受教导。

"你有这么多好想法，为什么没交流好？"马克追问的这句话说到了我的痛处。我回答道："他以为自己是个总监，仗势欺人，不可理喻！有本事，让他自己一个人干去！""不是，是他没明白你的想法。回去想想，告诉我怎么让他接受你的想法。”后来，在马克的帮助下，我组织了一个工作坊，让市场部的人了解了做一次试验要用的时间和精力，同时分析了他的市场概念中从技术上讲最容易突破的方向，最终和他们达成了一致的意见，项目得以往下进行。

从这个经历中，我知道了，个人的优势需要化为团队的优势才能达到目标，而不能叉着手看别人的笑话，或者只骂街而不解决问题。那样，项目进行不下去，不但别人痛苦，自己更痛苦。同时不以官衔来评判人，理论上是对的，但绝不能对上司这么不礼貌。不过这是我吃了无数的亏以后，才慢慢领悟到的。

第三章

我是健康油女王

自愿上大项目的“贼船”

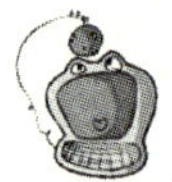

1 别轻易对老板说NO

时间总是在忙碌中过得飞快。转眼到了2006年年底，当时我刚刚升了职，正踌躇满志地迎接挑战，当然，我的倔脾气也一定得罪了不少人，不过管他有人恨，还是有人爱，反正咱能打硬仗，而且最爱充满创新的大项目。维多利亚也升职去了美国芝加哥，负责三大健康品牌的研发，那是另一个三百人左右的研发中心。我们都觉得世界上没有第二个人比这个有六个学位又玩铁人三项的维多利亚更适合这个品牌的形象了。你别看马克人高高大大的，在维多利亚面前却总要弯着腰聆听这个瘦小女人的教导，所以每次看到这种场景，我总替马克觉得委屈。不过维多利亚是一个真正有气场的人，我怕她怕得要死。这回维多利亚升职了，马克再也不用弓着腰听领导教诲了，为此，他在我心目中的形象又高大了好多。

小八卦

维多利亚负责的三个品牌（桂格、纯果乐和佳得乐）是百事把必胜客、肯德基等快餐剥离出去，建立百胜集团后收购的，也是公司转型的一个主要战略。负责实施这个战略的，是一个土生土长的印度女性英德拉·诺伊（Indra Nooyi），如今已经是整个百事集团的CEO（首席执行官）。一次得着机会去芝加哥开会，维多利亚请我顺路去芝加哥研发中心看看。我当地时间五点钟下了飞机，就直奔公司，到那里我就被他们破格的热情吓傻了。早上当地的同事一听是维多利亚请来的客人，都以为我是多大的一个官，准备得那叫一个充分和认真。芝加哥的氛围与达拉斯非常不一样，严肃、守时，在开放的办公室里安静得只能听见键盘和鼠标的嗒嗒声，有话就去会议室说。我在那里碰到了两个从达拉斯调过去的。当年在达拉斯培训的时候他们是我的邻居。那个时候，我们整天在办公室上蹿下跳的。都是他们教我踩在桌子上越过格子间挡板聊项目的。但是他们到了这里也被同化了。我一个欢呼般的“你好吗？”迎来的回复却是低声细气，让我好失望。守时几乎是以秒计算的，赶上了刻板的德国人。我坐在会议室里，他们一个一个团队向走马灯一样以精确的二十分钟向我介绍了他们的项目。我终于明白了一个词：受宠若惊。我也没想明白维多利亚这样一个天马行空的人是怎么适应这样的环境的，谢天谢地，马克当时没有把我发配到这里来培训，否则我估计两天就憋死了。所以公司的大环境往往和你赶上的小环境是不同的。跟对老板，待在你喜欢的气场里是非常重要的。

又到了布置下一年工作的时候了，马克把我叫到他办公室，说：“栗子，我这里有个大项目想给你做。”他的眼神里充满了期待和诱惑。“大项目？关于什么的？”因爱啃硬骨头出名的我一下子也来了精神。“油，健康油项目。你知道美国和欧洲的乐事薯片都已经换成更健康的油了，亚洲是下一个。你愿意来做Oil Queen（健康油女王）吗？”

马克每次给我安排项目的时候总要顺便给我个外号，什么Ms. Cracker（饼干小姐）、Ms. Google（谷歌小姐）之类的，以凸显我一定会成为这方面的专家，而这次可好，从小姐升职到女王了。我心里盘算着，马克这名头里卖的什么药？巴结我个女王，一定不是什么好活。“换油？这么无聊的项目！不感兴趣！”凭借着前面两年的出色工作，我已经开始变得和老板说话不单是直截了当，更有点没大没小。几年后的今天才知道这样做是多么的无礼，这就是传说中的“孙悟空”员工，自以为能力强，没人管得了。要不是马克宽容，估计我早卷铺盖回家了。“为什么？”马克问。他把当时教我如何学技术的方法用到了我头上。“多没意思的项目。先把油倒进去，把土豆片扔进去，炸好了一包装，找消费者尝尝一样不一样，再过几个月，测测保质期……仅此而已，一点创新都没有，还居然叫大项目。这种项目我没兴趣！”我充满不屑地把这个项目说得好像宋丹丹小品里“把大象放进冰箱里要分三个步骤”一样简单。马克对我这个态度不是失望，而是相当失望，他没再说什么，就让我周末回家自己想是不是要做这个项目。他当时一定觉得我像掉在灰堆里的年糕，吹也吹不得，打也打不得。而我更是夸张地让老板回家想几个兴趣点，怎么才能勾引我做这个项目。

就这样，一个周末过去了，周一一早，马克快步走到我办公室，冲我勾勾手，叫我一起马上和他去开个电话会议。我一溜小跑来到了乐事会议室，见到了亚太区市场副总裁戴希蕊和泰国的研发经理瓦丽。看到戴希蕊，我倒吸了一口凉气，尤其看见她探着身子皱着眉头正冲着话筒咆哮，我就知道我们又要倒霉了。她和维多利亚一样，小个子女人，能量实足，但没嫁出去。每次她的出现都像泰国雨季里每天下午来也匆匆去也匆匆的暴风雨，先是黑压压的乌云，然后电闪雷鸣，但时间并不长，通常三十分钟太阳就出来了。这个时候，你只要耐心等待，让她咆哮完，就能躲过去。但我开始不知道，经常傻乎乎地当海燕，心里想着“让暴风雨来得更猛烈些吧”，所以几次都差点被雷劈死。瓦丽现在已经是我的老朋友了。自从第一次在新产品展示会上，帮她找到相关产品的信息，她就是展示会的常客，也是我的老师，教了我不少东西。此时的她也没了平常跟我说话时的笑容，埋头记着笔记。见马克和我进来，她给我挪了个地方，冲我扮了个怪脸，好像在说：“栗子，这下有你跟我做伴了。”电话的另一端是百事食品中国研发部，分别是布莱德（中国区研发副总裁）、黄志（高级研发经理）和小邱（乐事品牌的技术经理）。我到的时候，他们的讨论已经开始了。听了一会儿，我才知道，这是一次关于健康油项目的预备会议。

那天都讲了什么，我已经记不清了，只记得大家讨论了很多细节，很多问题我想都没想过，我这才意识到这个项目原来这么复杂，也观察到马克对这个项目有些头疼，作为总监，他没有时间和精力来处理这么多的琐碎问题。开完会，我一句话没说，低着头默默地溜回自己的办公室。我为上周五的无礼感到万分惭愧。作为一个下属，不但不给老板分忧，还仗着自己从前的好表现给老板出难题，我真是疯了！

像我这种“孙悟空”员工，有两种办法能让我肝脑涂地地无私奉献。第一，让我觉得这事有意思，兴趣是最大的动力，这有点像孙悟空在花果山。第二，就是让我觉得内疚，打心眼里觉得惭愧，觉得这是我应该做的，这才是保护唐僧西天取经的孙悟空。的确，花果山的孙悟空快乐无比，但他顶多是个占山为王的大王，真正让他修成正果的却是那个充满艰险又看似无聊的取经之路。我之前做了很多的项目，个个都能从创新的角度讲个三天三夜，但我后来才知道，眼前这个被我不屑的项目才是让我修成正果的大项目。很多老板认为我这种人不好管，油盐不进，天马行空。有的老板以为所有员工都可以通过提高工资来激励，但他们忘了弗雷德里克·赫茨伯格（Fredrick Herzberg）提出的双因素理论，告诉我们提高工资只能降低不满意度，却不能提高员工的满意度。聪明的老板就像马克那样，善用人格魅力，让下属觉得工作富有成就感和挑战性，并巧妙地让“孙悟空”意识到强烈的责任感，这样自然会桃李不言，下自成蹊。他太了解我了，那天他什么都没对我说，就一个讨论热烈的电话会议，就让我内疚得一塌糊涂。

我给马克发了一封信：“马克，对不起，我没有意识到这个项目如此复杂。虽然我对这个没有创新的项目还是不感兴趣（看我多拧！），但是为了帮你，我最好的老板，我愿意尽我所能协助你完成整个项目！是的，我愿意！”马克很快回信了：“你会成为健康油女王！☺”

2 多问老板我能帮你做什么

“我能帮你做些什么？”第二天，我主动找到马克。道高一尺，魔高一丈。马克的“内疚劝导法”对我这样的人非常奏效。自打我答应了他做项目，孙悟空就一下子在马克这个如来佛的手掌心里变成了顺毛驴。

史蒂芬·科维在《高效能人士的第8个习惯》里举过这样一个例子，一个脾气特大的老板总是对下属不满意。手下人都干不长，一个个都气哄哄地辞职走了。另一个新人来了以后也有类似的问题。后来，这个下属转变思路，问：“老板，我能帮你干点什么？”开始老板没怎么管理他，给他点小活。后来通过这些不起眼的小事逐渐建立了信任，被委以重任。最后，双方加深了彼此的了解，成为工作上的好伙伴。

小八卦

其实老板也有很多烦心事，我们如果能帮他解烦，他可能开始嘴上不说，但心里会慢慢变化的。这就叫做润物细无声。这种影响不单是自上而下的，反之也成立。我刚到美国读书的时候，也和导师闹过别扭。导师是个七十多岁的犹太人。在我眼里，他严肃、刻板、不苟言笑、工作狂，或者干脆总结为古怪。在美国，导师请研究生去家里做客是再平常不过的事了，而我师兄私下告诉我，跟着导师读了五年博士，只去过他家一次。而且别的老师都让学生叫名字，而我们却从来都是毕恭毕敬地叫他塞缪尔斯博士。我在心里有些打鼓，这人简直是“自恋+自闭”呀。我刚开始在他手下读书，就跟他吵过一架。那时候，他天天盯着我在试验室干活，还说什么给我奖学金就是为了要让我在试验室工作的。像我这种不用扬鞭自奋蹄的人，对我说这种话简直就是侮辱！我一直被教育“师者，所以传道授业解惑也”，从没想过“师者，所以发钱吃饭做试验”，我被这种赤裸裸的资本主义剥削关系气得说不出话来，真后悔怎么跟了这么一个导师。我俩也冷战过一段时间，但我是他唯一的学生，他是我唯一的导师，在这种一根绳上俩蚂蚱的组合里，我们只能寻求合作。后来，我尝试有事没事就主动跟他聊天，用我磕巴的Chinglish（中国式英语）跟他讲我自己的故事，让他帮我纠正英语。渐渐地，他也开始跟我讲藏在他内心深处的故事了，很多他不曾和其他学生说起的故事。我才知道，他的脾气是源自于他前妻的去世，当时她才三十多岁，患了乳腺癌。他带着两个孩子生活得很艰难，受了很大的打击。有人总结过有四个D开头的词会深深地影响一个人的心理健康，分别是：Death（死亡）、Disable（残疾）、Disease（疾病）和Divorce（离婚）。导师告诉我，那个时候连去看心理医生都不知道该说什么。自从他给我讲了这些故事，他好像也如释重负一般，人变得和蔼了，而且居然还有幽默感了。他经常教导我各种人生哲理，说：“我把你当做自己的女儿。”而我心里暗暗地说：“女儿？呵呵，孙女还差不多。”我读硕士的两年时间里，我被邀请去了他家很多次，和他的夫人以及他家的小狗都成了好朋友。直到今天，我每年新年都会打电话问候他。和导师关系的一百八十度转变让我体会到，误解来自不了解。

遇到马克这样的老板我居然不珍惜，还耍脾气，真是太不应该了。我们第一次见面那天晚上，他就曾经告诉我：“员工是公司雇来的，却是为直接汇报的老板工作的。人是一个公司最宝贵的财富。作为老板，应该做的是指导而不是责骂。”从我进公司，就这样在他的教导下、庇护下、纵容下，成长着。马克从来不下命令告诉我做什么不做什么，而是先问我："你怎么看？"直到我一股脑地把所有"too simple，too naive！（太简单，太弱智！）"的想法都说出来之后，马克会在我说得对的地方给予肯定，在我说得不对的地方给予点拨，但从没有否认过。他时刻提醒我："记住，卡罗斯说的，你要有自己的观点。"作为小虾米，我常常觉得自己的声音是如此的弱小，说得再对也没人听。但马克告诉我，这是一种思维锻炼，否则等你真的可以发表自己的声音的时候，就会无所适从。在马克的指导下，我成长得很快，快得自己都有些忘乎所以，不知道自己几斤几两，但直到我红着脸，告诉马克我愿意做这个项目，才知道自己被惯坏了。

老板是我们职业生涯中最最重要的利益相关人（stakeholder）。和老板之间的关系可以用这样的话来概括："你好，我就好。"德鲁克也提出过"管理自己的老板"的概念。他提出要主动问上司：哪些事我可以帮你做，哪些事你觉得我不该做？同时把上司当做一个有血有肉有感情的人来看待，而不是要求他们遵循管理学教科书上教授的方法来管理下属。然后与上司建立信任，寻求一起合作的双赢结果。这种做法不是阿谀奉承，不是溜须拍马，而是一种沟通的艺术。可惜这些道理我懂得太晚了。

马克没有嘲笑也没有刁难我，直接进入了主题。"这个项目是我今年和明年最重要的项目。我和布莱德以及戴希蕊已经讨论了很久。现在我们决定考察用两种新油替换现在的老油的可能性：一种是要从澳大利亚进口，已经在和那边接洽；而另一种是泰国特有的，泰国团队自己找的供应商。全球对泰国这种油没有任何经验，我们需要自己来尝试。试验是为了中国和泰国两个市场，中国主要是要评估澳大利亚的油，而泰国则想在两种里面作一个比较。整个项目分两个大的步骤：第一步，市场可行性调研，看看市场对这两种油的接受程度，确定产品上市计划，这部分工作你将和戴希蕊合作；第二步，我们要进行上线的产品测试，这是由我主要负责的，也是我最关注的。工厂测试将在中国上海做，所以你将有很多机会回国。"

说到这儿，他冲我挤挤眼睛。之前我已经和马克说过很多次想回国的想法，并且最近回家休假的频率越来越高。在国外已经六年多，我越来越想家了。我发现自己一个人在外面，脾气越来越暴躁了。只有我自己知道我真的不喜欢这个国家，或许可以说出很多借口，但我自己都找不到真正的理由。可是我热爱这份工作，同样没有理由，就是因为这份说不清的热爱一直留了下来。马克继续竹筒倒豆子似的给我介绍项目背景：“之所以选择上海，是因为那里有一条小规模的生产线，而且我们试验的产品也可以通过一条流通比较快的渠道以买一送一的办法卖出去，这样我们试验的投资将大大减小。泰国这边是瓦丽参与，而中国这边你看到了，是你的老朋友黄志和小邱，这可是三个团队中实实在在的王牌军哦。整个项目研发部分的预算大概是二十万美元。”

黄志、小邱、瓦丽，马克太会要人了。能把这三个人招募到项目里，那肯定是无坚不摧了，精兵强将折腾这么个简单的项目不是大炮打蚊子吗？我自己琢磨着，当时真没把这个项目当成个多大的事，我是实心实意来帮忙的志愿者。这就是我那时的真正想法，当然后来才知道是错误的想法。黄志，北京人，用小邱的话讲叫“纯爷们”，用马克的话讲“不懂得啥叫自私”，用我的话讲“有他在我就放心啦”。他在百事做了十几年了，在达拉斯总部的名气一点都不比马克小，卡罗斯那里也挂了号。技术好、人品好、长得帅，哎呀，我咋就看不出什么缺点呢。小邱，虽身为江浙女子，却被黄志带出了一身的北京女孩子的痛快和豪爽，那做派、那能量、那风风火火，总让我想起维多利亚。瓦丽，非典型泰国人。通常泰国人喜欢慢慢悠悠的懒散生活，而瓦丽总是效率很高，热情很高，当时她自己一个人看着泰国乐事无限的生产线投产试车，一盯就是几天。由于亚太区、中国区和泰国区是分开的三个团队，他们三个都不汇报给马克，而有各自地区的领导，但大家有个共同点：都是马克的超级粉丝。

马克继续跟我说：“我现在人基本上凑齐了，但如何做还没有明确，具体的测试方法还要等总部的通知。这种项目我也没做过。我只听说非常复杂，而且我们亚太区比所有地区的都复杂，你要做好思想准备哦。哦，差点忘了，布莱德也热烈欢迎你的加入呢。”说到这儿，他露出一脸坏笑，看来我是上了贼船了。

小八卦

后来布莱德在项目开始不久就退休了，五十五岁，离美国法定的退休年龄还有十年。我曾经听一个达拉斯的朋友讲，在美国总部，没人能干过六十岁。因为美国规定企业给员工退休金账户上的钱按年龄递增。光是企业为一个五十五岁以上的人缴纳的退休账户的钱就足够雇用一个大学生。所以一到五十五岁，公司就会给你发暗示。你接到信号后最好乖乖地主动申请退休，不要等公司来挤对你，逼你走。

布莱德和我很熟，因为中国那边很多项目我都掺和过。一次开会，我和他正在聊天，卡罗斯走过来，布莱德对卡罗斯说：“向你介绍一下马克手下的栗子，她很不错！”卡罗斯笑笑说：“她是我招来的！”

布莱德在很多人眼里是个神话。他有博士学位，参过军，然后就直接去了位于达拉斯的百事食品总部工作。百事进入亚洲的时候，他打前阵，职位是亚太区总经理。在事业一片光明的时候，他在去日本工作期间爱上了一个比他小很多的日本女人，从此放弃事业发展，甘心做了一个比他实际级别低两级的中国研发总监，后来升到副总裁，过起了老婆孩子热炕头的生活。布莱德自己也调侃说：“我对我手下的员工都非常好，因为我这一辈子的领导都是我自己雇的。”这话一点都不假，当年他的手下都已经随着公司的发展飞黄腾达，而他却甘心情愿地坐这个并不相称的职位。这让他的一个几十年的日本朋友，前面提到的NP设备公司的老板芝村，忍不住向我感慨道：“布莱德‘不幸’爱上了一个日本女人。”但这就是人生，有得必有失。其实我很羡慕布莱德，即使是退居二线，也还是坐在一个99.99％的人一辈子也坐不到的职位，而他事业的牺牲换来的是一个幸福的家庭。这难道不是一种完美吗？

听到布莱德退休，我给他发了封信，礼貌性地祝他好运！我当时不知道该再多说些什么。当人真的从一个奋斗了很长时间的岗位下来的时候，那种失落是可以理解的。我看过一些关于美国宇航员完成航天任务以后的失落感的报道，据说那跟美国总统离开岗位时候的感觉很像。虽然我们常人无法体会到那种落差，但有人说过一句很有哲理的话：人退休的时候，不要“从哪里退休”（retire from sth.），而是要“退休到哪里”（retire to sth.）。

3 制定时间表是项目启动的第一步

马克还是一如既往地“扶上马，送一程”。他嘱咐我这个项目可不像我想象的那么简单，要我首先把项目时间表写好。

做事情要有个规划，最怕拍脑袋作决定，拍胸脯作保证！正如牛根生说：“虽然这个世界是干出来的，不是说出来的，但‘纸上谈兵’是社会实践的必要演练。”项目的时间表学名叫做甘特图（Gantt chart），因为是一个叫甘特（Gantt）的人发明的，所以就以他的名字命名了。做一个甘特图的第一步，是写出WBS（work breakdown structure，工作分解），把大块的工作化整为零，庖丁解牛。俗话说：“胖子是一口一口吃成的。”工作分解的目的就是把大的项目通过细分，变成一系列可操作和实现的行动。就好比盖房子，要分成平整土地、打地基、盖主体工程，然后才能有外部和内部的装修。这其中的每一项再细分到小的步骤，如此逐步细分几次后，就变成了组成这个大行动的一系列小的活动。整个过程体现了项目的循序渐进（rolling wave）的特点。这些小的活动，最后落实到每个工人几天内该完成的工作。

WBS好像一个逐步放大倍数的显微镜，直到放大到组成物质的细胞，也就是组成项目的基本活动才算罢休。同时，要保证这些细胞似的工作拼起来就可以完成最终的项目目标，而不能留个窟窿等着女娲来补。我们小时候看过动画片《没头脑和不高兴》，里面那个没头脑建了座很高的高楼做少年宫，可是他忘了设计电梯，这明显就是WBS里面漏掉了必要的组件。

WBS的分解方法有很多，可以按时间分、按地点分、按部门分。但分来分去，分到底层的活动层面应该是一样的，也就是条条大路通罗马。

项目被分解完，就要对每个活动估计时间，然后进行优化和组合，在时间表中清晰地体现出来各项工作之间的先后关系，最后排列成项目的时间表，展现出整个项目的时间安排。这样一张图就叫做甘特图。甘特图可以通过Microsoft Project等项目管理软件轻松地制作出来。

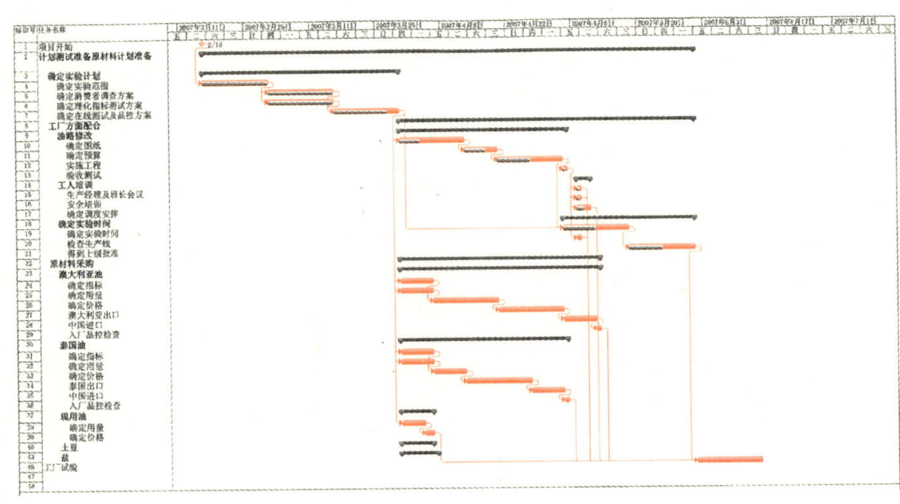

我三下五除二，一整天的工夫就把甘特图做好了。得意地拿给马克，臭显摆我的工作效率。马克看了看，直截了当地告诉我：“不合格！”“怎么会？”我觉得不可思议，我向上天保证每样工作都没落下。“栗子，你的WBS里有大问题。你来看，你写的项目都是行动，而不是可交付成果（deliverables）。”“什么意思？”“看来你的项目管理还没学到家呀。可交付成果强调的是结果，而行动强调的是动词。比如，你这里写的‘讨论测试方案’，这就是个动作，而可交付成果应该写成‘确定测试方案’，明白了吗？项目的成功是由所有的可交付成果组成的，而不是行动了就可以，一定要看到结果才算完成。”“哦，看来我都要改了。”“还有，在时间估算上你也有个大问题，你发现了吗？”“关键点的时间我都咨询过相关的同事呀。应该问题不大的。”“呵呵，这是经验问题。我问你：你这里写的试验室小试的时间写的是2天。你的依据是什么？”“我问了瓦丽，类似的测试需要一个24小时不间断的测试。我考虑到了之前和之后的准备以及清理，所以定了2天。”我可是每一条都有理有据的，本不怕马克问。马克继续问：“那我问你，是你想什么时候做试验，人家就让你做吗？”这下我可被问倒了。马克说：“在你做甘特图的时候，一定要特别考虑一些节点。比如，工厂测试，一定要打出与工厂协调的时间；牵扯到原料进出口的时候，要考虑到通关时间；开会决定一件事看上去好像只要一天，但安排这个会往往需要一周。所以，你的甘特图明显地要比实际的时间短。如果你没意见，我可就让戴希蕊拿这个甘特图来考察你的工作喽。”“呵呵，好在我没给她呢。谢谢，马克，我马上回去改！”

你不妨试试

在预计项目时间上，除了要注意马克提到的留够空间的问题，还要注意留出富余量：

项目的独特性决定了项目时间不可能是板上钉钉的。而且天有不测风云，项目推进中会出各种各样的岔子。怎么办？留出一些机动时间，把它加到单项活动时间当中去。较为合理的时间估算方法很多。最常用的有两种方法：

1. 三点估算法：是基于PERT（计划评审技术）的时间估算法。（最悲观时间+4×最可能时间+最乐观时间）/6
2. 最乐观时间×1.5

不管采用哪种方法，算式中的时间还要靠专家或者过去的经验值来估算。这些估算最好是自下而上地从最低层的活动时间开始叠加，否则就容易造成很大误差。比如，你问别人做一顿家常便饭用多长时间，有人说10分钟，有人说1小时。大家差异很大。但如果你告诉我，要煮米饭、做个西红柿炒鸡蛋、拍根黄瓜、拌个拉皮儿，我就能够更确切地告诉你总的时间了。所以，WBS是准确估算时间的基础，在没写WBS之前，所有的估算都是浮云。

听了马克的话，我赶紧修改了我的甘特图。这回总算是合格了。好在被马克教育了，修改后的结束时间比修改前足足晚了一个月。这可不是因为我要犯懒，这叫合理化调整。

在甘特图中，历经时间最长的路径被称为“关键路径（critical path）”，它决定了整个项目的总时间。要想把劲使在刀刃上，就必须盯住关键路径。不过虽说关键路径以外的工作多少有些回旋的余地，但是一旦耽搁过久了，这些部分也可能会动态地变成新的关键路径。所以做项目就像开车，虽然主要看着前方，走在关键路径上，但要时不时地照看周围的情况，别阴沟里翻船。

经过马克的指点，我很快就把最终版本的甘特图发给了戴希蕊一份，自己又用A3的大纸分几张打印好。我把它们一张张铺在地毯上，跪在地上用透明胶小心翼翼地拼接起来，然后贴在了我办公室的墙上。一大张漂亮的甘特图占了整个一面墙。贴好后，我光着脚、叉着腰站在那儿欣赏着，好像看着毕加索的名画。不但特别有成就感，还觉得打心眼里地踏实，有图在，我可以用这个时间表来催促大家完成任务了。这下就再不怕项目延期了。我心里清楚得很，伺候像戴希蕊这样的老板的确让人感觉伴君如伴虎。尽管我已经加倍小心，但万万没想到，不幸还是发生了。

4 对帮了倒忙的人也要心存感谢

整个项目的第一块任务是要了解中国和泰国的消费者对目前用的油和两种新的健康油有什么看法，主要是由戴希蕊领导的市场部主导。我的任务只是做一些试验室的小样，配合她们做一个小的消费者调查。可谁也没想到，项目刚开始，市场部就跟市场调研公司闹别扭了，他们那部分被迫延期了。还没来得及看热闹，我们研发部也因为一个小意外，中国消费者调查的样品需要重做，也要延期。可是，当我提出延期的时候，戴希蕊跑到我面前，指着我墙上的甘特图说：“你承诺在12月10日之前做完上海的消费者调查，你必须完成！”我当时一肚子的委屈，“凭什么你自己的市场部不管，反而来管我们研发部？就你们能延期吗？只许州官放火，不许百姓点灯！”可是我是小虾米，不能这样跟老板说话。她刚出我办公室，我一赌气，就把整张甘特图从墙上“哗”地扯下来，咬牙切齿地撕个粉碎，然后一股脑扔进垃圾桶，把垃圾桶塞得满满的。当然，也偷偷抹眼泪了。不蒸馒头争口气，我把研发团队的成员叫到了一起，用集体的智慧讨论如何才能完成这个“不可能完成的任务”。这时

候，离12月10日仅有两周时间。

两周时间能干什么？重新制作样品需要两周，把样品送到上海需要两周，完成消费者调查并得到初步的数据也需要两周，但这次，所有这些我们一共只有两周。这种情况下，只能另辟蹊径，绕开最耽误时间的部分。对这个项目，最大的"瓶颈"在于样品的运输。这次测试一共是10种样品，不同的油，不同的口味，每种150包，这样算下来是1500包。通常这样大的样品量一定会引起海关的关注。幸运的话，两周能放行就谢天谢地了。而我们一共只有两周的时间。

为了能按时完成测试，我们团队一起制定了一套完美的策略。瓦丽紧急调配了新的调味料配方，我们雇了三个临时工进行赶工，样品在一周之内就全部做完了，比通常的时间提前了一周。

同时，我们已经没有时间按照正规的快递途径来寄样品了。我做了几件事：（1）尽可能地缩小样品量，通过跟市场调查公司沟通，我们把平时30%的样品富余量，减为10%；（2）争取压缩到10个纸箱子，然后先把一部分样品分成六个箱子通过两个快递公司分别寄给了黄志和小邱，这样以免被海关当做大批量的样品扣押检查。而其他的样品，我准备了两个超大号的行李箱，准备自己随飞机带过去。（3）同时把按样品分的10个箱子全部打乱混在一起，保证每份样品里都有同样比例的完整的10种样品，如果万一有一份样品被卡在海关，我们节约一下，项目还可以进行。我曾经一直以为这是我的创举，后来读了些黑道小说，才知道这是造假和走私贩玩剩下的小儿科，只不过我偷偷摸摸地在做光明正大的事。在我们还在准备样品的时候，黄志已经央求市场调查公司为我们加塞安排了测试。

你不妨试试

书上说当时间紧、任务重的时候，要想按时完成只有两种办法：赶工（crashing）（通过加班或添加人手来完成任务）或加速进程（fast tracking）（把从前先后顺序的工作，改为同时进行来缩短时间）。对试验室的样品准备，是流水线式的操作，我们唯一的办法就是雇临时工来添加人手，让设备充分地利用起来。但千万别以为添加人手就像我们小时候算数学题一样简单。那时候如果问：甲做一件工作需要3天，乙做同样的工作需要2天，那么甲乙一起干需要多少天？答案是：1/（1/2+1/3）＝1.2天。而实际工作中，从来没有达到过这种理想的境界，有的时候甚至甲、乙一起干反而相互推脱，或者一直在争论分歧，导致3天甚至5天都不能完成。三个和尚没水吃不就是非常典型的例子吗？赶工只有在简单的、可分解到个人的低技术工种下才可实行。

而对邮寄货品就不是加速进程这么简单，而是要重新设计进程，我把它称为“short cut（最优路径）”。赶工会增加成本，加速进程会增加风险，而最优路径往往成本和风险都要增加。不过，如果时间是最宝贵的，那么绞尽脑汁想到最优路径恐怕是最合适的选择，但这往往是完成所谓的“mission impossible（不可能完成的任务）”的唯一方法。当老板向你提出要求的时候，先别急着说不可能，集思广益看看有没有还没被充分挖掘的最优路径可以利用。

我现在唯一耽误不起的就是时间。大批样品制作完成后，我和瓦丽赶到泰国北部清迈试验工厂督阵，就等着包装成二十克一包的小包了。头一天晚上，我又仔细核实了一下我的计划，我知道，自己是和戴希蕊较劲，赌着气、冒着风险干一件别人看来不可能完成的任务。马克劝过我，实在不行，就服个软，他去跟戴希蕊说完成不了。我偏不干，非要赌这口气。的确，这口气堵得我一点胃口都没有，晚饭就只要了一份炒饭，居然还剩了半份。我把剩下的打包，第二天带到工厂当午饭。

到了工厂我就傻眼了。瓦丽咧着嘴笑着向我报告了一个好消息，为了节约我的时间，她趁着昨天晚上包装机有空出来的时间，加班帮我把所有的样品都用机器包好了，而且包得结结实实的。看着她眨巴着眼睛，真诚地期待着我对这个surprise（惊喜）的反馈，我都快哭了，但不是感动，而是诧异。Surprise是个中性词，这次它不是惊喜的雪中送炭，而是惊喜的反义词——雪上加霜，她帮了我一个大倒忙。原因是机器包的样品充的气太多，一个个袋子鼓得跟小猪似的。本来计划的十箱样品，居然转眼变成了二十个大号的箱子。那高高摞起的箱子们，高得好像长城烽火台，我真的说不出“Thanks（谢谢）”。

我和瓦丽平时的关系很好，我知道她是好心帮我，但我已经顾不上组织我的语言，让它更圆滑更容易接受了，只能指望平时的关系让瓦丽理解我的处境，我直截了当地告诉她：“我真的非常感谢你为我考虑。但是，我不得不实话实说，我们必须返工，把气放出去。”我又把我的计划跟她沟通了一下。她什么也没说，马上招呼工人把样品的包装口剪开，重新手动包装。我和瓦丽也成了苦劳力，加入劳动大军，而且比工人干得还卖力。到了中午，瓦丽看着我满头大汗地工作，问我要不要通知食堂做点小炒。我告诉她：“我没时间去食堂吃饭，请帮我把剩的炒饭热一下吧。”二十分钟后热腾腾的炒米饭端回来的时候，她咧嘴冲我一笑，递过来两瓶冰镇百事可乐，说：“栗子，别太辛苦了，放心吧，一定没问题。”接过饭，我转脸进了办公室，打算一边吃饭，一边确认中国那边的测试安排。而当我打开饭盒的时候，我看到上面放了两只煎鸡蛋。当时我眼泪就吧嗒吧嗒地掉下来了，就好像摔了跤却一直忍住泪水的小孩子，看到了妈妈，一下子憋不住了，把委屈一股脑儿释放了出来。我觉得自己被戴希蕊压得好委屈。为了她的项目，我这样辛苦，而且是白辛苦，她连一个谢字都没有说，而瓦丽不但没有抱怨我不珍惜她的劳动成果，还这样体贴照顾我。这两只煎鸡蛋让我觉得我并不孤独，还有人在关心我支持我。瓦丽帮我协调来了更多的工人来帮忙。当看到样品成功地被塞进了十一个箱子后，我真的想请瓦丽大吃一顿，一来感谢她，二来诉诉委屈。她笑了笑，说：“栗子，没事，应该的。”从此我知道了，我们永远不能怪罪任何帮了倒忙的志愿者。他们是一心对你好，别让他们心凉。

接下来就看样品是不是能顺利抵达上海完成测试了。

5 了解冷冰冰时间表背后的期望值

老天爷恐怕也觉得我怪可怜的，终于关照了我一次，邮寄的样品居然顺利到了上海。我自己坐飞机把剩下的样品带到上海。从烈日炎炎的曼谷，到寒风刺骨的上海，我只带了两件厚衣服藏在箱子的夹层里。当经过海关，递过报关条的时候，我都没敢正眼看人家，箱子里可是上千包没有商标只有标号的食品。这要是被抓住，我也只能一包包打开吃给他们看了。还好，我看上去很善良，顺利从绿色通道过关。到了上海，我通知调查公司来取样品。他们租了一辆大众货车。所谓的大众货车，就是一辆超级破的在我看来早该被淘汰的小货车，后面是封闭的厢式的。我们先在办公室取了寄过来的六箱样品，随后，开车到酒店去取我随身带过来的部分。调查公司的人客气地让我坐到副驾驶的位子，而他钻进了后面的货箱。我小心翼翼地拉开副驾驶一侧的门，生怕稍一用力就把门拉下来。然后前腿弓后腿绷，一卯劲蹿上了车，一屁股坐在透出海绵的人造革坐垫上。我们晃晃悠悠地磨蹭到了人民广场另一侧的明天广场万豪酒店门口，刚刚打了右转进停车场的转向灯，一个穿西服的礼宾部的人就气急败坏地指着这辆车，用上海话轰它离开。我告诉司机开进去，直到那礼宾部经理顶到了车鼻子，我跳下车，拿出房卡，告诉他：我住这里。我永远忘不了那位老兄惊愕的表情，那是我人生第一次被酒店的人拦住。礼宾部经理无奈地一边安排人取我存在楼下的箱子，一边继续用上海话怒斥着司机找旮旯停下。从酒店取完东西，我们继续前往市场调查公司的办公室，我不认识路，就主动要求坐在了货车的后面。我垫了张报纸，坐在里面一个破旧的轮胎上，手扶着这些幸运地顺利闯关的样品，美滋滋地在漆黑的车厢里随着车上下颠簸，左右摇晃。那个周末，我们顺利地完成了测试。从这些小样的测试结果看，单就产品本身而言，消费者没有品尝出什么口味上的区别，而且他们很喜欢健康油薯片这个概念。

小八卦

我知道自己很幸运，大公司打着维护公司形象的旗号，有很奢侈的差旅标准，但我更清楚，这样的五星级宾馆和商务舱的飞机并不意味着我比别人高一等，而仅仅是我的幸运，我们不能把幸运当做人生的必需品。每次我去上海办公室出差，我都不会花二百元人民币在酒店吃早餐，而是先跑到办公室把书包放下，和大家打个招呼，问问有没有没吃早饭的同志，然后跑下去到永和豆浆吃一份豆浆油条的套餐，或是在弄堂里买一份生煎。或许对一个500强的公司，我这样的节俭简直毫无意义，但我知道，它让我保持了一个好的心态。奢侈的东西固然好，但那不是生活，生活就是要脚踏实地的，这样当有一天，失去这些虚的奢华的时候，生活还在继续，人还是真实的人。

有一次，我住在美国爸爸妈妈家，那天报纸上有条新闻，一个中了上亿美元彩票的人居然很快一贫如洗。吃早饭的时候，我们就聊起了这个话题。其实这已经不是世界上头一次，更不会是最后一次发生这种幸运后面的悲剧了。我的美国爸爸问我："栗子，如果你中了大奖，你会做什么？""环游世界！"我总把环游世界和这辈子活得不冤画等号，所以这个答案脱口而出，“那你呢？”我反问他。他是资本家出身，听其他美国朋友用过“wise”这个词形容他。Wise那是大智慧，而我挂在嘴边的smart只是小聪明，我特别喜欢听他给我讲故事，所以这一次，我也想听听他有什么不一样的智慧。美国爸爸告诉我：“我不知道我会做什么，但我知道我不会做什么，我不会改变自己现有的生活方式。”这句话让我觉得如醍醐灌顶。就是这句话，帮我认识到了我必须分清什么是幸运，什么是生活。所以我坐大众货车的货厢没怨言，周末加班赶进度也没有怨言，因为我已经足够幸运。

最后当我12月10号把消费者调查报告摆到戴希蕊面前的时候，我一句话没说，她也一句话没说，两个傲慢的女人都保持了沉默。我以为我和她一定成了水火不容的死对头。虽然我明知“戴姐很生气，后果很严重”，但那个时候年轻气盛，太冲动，脾气压倒一切，真有一种天王老子我也不怕你的劲头。我心里明白得很，从概率上分析，我死定了。以她的职位捏死我，比捏死一只蚂蚁还容易。但所幸，我活了下来。后来到年底我汇报完项目进度的时候，她居然破天荒地请我单独大吃了一顿。当整个事过去后，我冷静地想了很久。她为什么要那么逼我，为什么最后没有掐死我，并不是因为我的倔强，而是因为她需要一个在巨大压力下还能搞定事情的项目经理。而我因为太年轻气盛，只记得赌气把事情完成，却忘了问她为什么。

管理中有很多东西是冰冷的工具，当它们遇到活生生的人的时候，我们需要理解的并不是甘特图这样的工具要求我们做什么，而是人的期望值。

如果今天，再给我一个机会面对戴希蕊的话，我会问她为什么这么急着要我们的数据，告诉她我们的这部分工作并不在关键路径上。如果她只是希望我们给市场部做个表率的话，那么我们可以快乐地做到，而不是赌着气、抹着眼泪。

6 长角的都是食草动物

戴希蕊的办公室和我的只隔着一间办公室。她总是在出差，如果她上班了，就会用巨大的摔门声高调通知大家她来了，然后独自一个人关着门窝在她巨大的办公室的一个小角落里，而一旦这个门被打开，就是有人要被咆哮了。我就是其中的受害者之一。所以我还是喜欢她出差。

后来戴希蕊居然被发展成了一个动词——吼叫式批评。一天，市场部的一个同事对我说："今天又被'戴希蕊'了。"他特别告诉我，"今天尤其镇住了那个刚来的常青藤毕业的泰国小海归，小姑娘眼泪'刷'就下来了。人家哪里见过这种场面，从小都是好孩子，乖乖女，居然被这么劈头盖脸地批评。"我没从他的语气里听出半点的抑郁或同情，倒是有些幸灾乐祸。"你也不安慰一下人家。"我怂恿着。"不用安慰，习惯就好了。你看我，现在都免疫了。每次被'戴希蕊'的时候，我都在念叨：长角的都是食草动物。"

长角的都是食草动物！这句话还真有点意思。我们经常用各种动物来形容周围人的性格，我也一直以为那种咋咋呼呼的老板应该被形容成狮子。但经这位高人一点拨，我才发现，原来他们咋起来的只是鹿角，那不是真正的强大，而是一种不自信导致的自我保护。别人一开始可能会被这头上奇怪的东西吓一跳，就像那个小海归，但天长日久了，大家就看清楚庐山真面目了。在办公室里，我们看到过很多人很强势，他们不断地逼迫和压榨同事，让他们给他更多的支持、更多的资源、更好的服务等，源源不断；也看过很多强势的老板，对下属总是皱着眉头，拍桌子瞪眼，一天就一百八十个不满意。他们往往可以得到短时间的满足，却不能得到长期的支持和拥戴，因为不久大家就看出来了，那不过是他头上的装饰品。其实，“食草动物们”还忽略了一件事，那就是既然是食草动物，就一定要群居，而群居的基础是相互保护。如果您不断地咆哮，那么往往会让周围的人对你无论是心理距离还是物理距离都会敬而远之。久而久之，您就成了一个人对着树桩子磨鹿角的孤家寡人了。

真正的强大，不在于声调，不在于用词，不在于语气，而在于气质。这是我对维多利亚最佩服的地方。在曼谷的办公室，如果是戴希蕊组织开会的时候，大家总是各看各的电脑，心不在焉的。别管她怎么咆哮，他们都已经习惯了，免疫了。但如果是维多利亚组织会议，情况可就完全不同了，别看是一个瘦瘦小小的女生，语速不快，表情微笑着，但语气总是斩钉截铁。一开会她就会说：“开会时，请所有人合上笔记本，关掉手机。如果你有什么特别紧急的公事或私事，请和我打招呼，我批准你离开会场。”说完，犀利的眼光向会场上每一个人扫了一眼。半秒钟的寂静后，关机的音乐声此起彼伏。“这是个真正的食肉动物！”每次我都这么感慨。食肉动物，冷静、不莽撞、目标明确，善于在暗中观察周围的动态，不轻易暴露自己，且外在尺寸不是关键，关键是内在的能量。

戴希蕊脾气的确很怪，这个她自己也知道。她说她就像街边卖的烤肉串，咬下去也许肥腻，也许可口，也许焦煳，总之无法预测。她心情好的时候，会来请我吃日本寿司，心情不好的时候，我也不知道会发生什么。因为她来亚洲之前在现在的CEO英德拉·诺伊的手下工作，所以大家都知道惹不起她。像我这样跟她对着来的，公司里找不出第二个。可别看她对我这个样子，对老板可是另一副模样。她老板是个印度人，常驻香港。有一次他来曼谷开会。午饭的时间，他们俩和一大堆公司的人挤一个电梯下楼吃饭。就在小小的电梯间里，戴希蕊可爱地问她老板：“你知道昨天是什么日子吗？”他老板一脸茫然，没吭声。“这都不记得了？是你们印度的××节日呀！”说着从兜里掏出一条精美的小红绳，亲手系在了老板的手腕上。当时全电梯，听过她摔门、咆哮的人，统统傻眼了！忽然想起来，马克思教育我们事物都是有两面性的。见过拍马屁的，没见过这么拍马屁的，连印度人自己都不记得的印度节日，她都铭刻在心。

但说句老实话，虽然我很不喜欢她，也对她这种两面派深恶痛绝，但我并不认为她是坏人，因为她每次对我咆哮的时候都有她的理由和背后的逻辑，只是她不说理由，光咆哮，这并不是道德上的问题，而只是一种领导风格。如果我犯了同样的错误，在马克眼里，可能是年轻人可以容忍的单纯，而在她眼里，就是上纲上线的工作上不可原谅的错误。跟她一起做事，我总是小心谨慎，但总还会犯错，被骂个狗血喷头。我也委屈地哭过无数回，但每次我都会认真地想她没有告诉我的原因，有的时候一想就几年。正是她的歇斯底里，看似蛮不讲理，让我学会了在职场里做事要动脑子，要学会办事。所以有这么个人在你身边可能当时真的很痛苦，可事后就会很感激她，是马克的纵容帮我成功，却是戴希蕊的刻薄帮我成熟。

第四章

不打无准备的仗

项目不能跟着感觉走

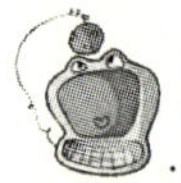

1 项目总是加法容易减法难

市场部参与的部分终于告一段落。通过一系列测试，市场部确定了在中国和泰国都测试一种从澳大利亚进口的健康油，同时，泰国还需要测试一种泰国本地的健康油。市场部建议采用逐步代替的方法，所以我们需要分别测试30%、50%和100%新油取代现有老油的结果。测试的目的主要是考察大生产的时候，这两种健康油的线上指标的稳定性，以及是不是能够保持和现有油一样的保质期。百事全球范围内已经有很多国家和地区在我们之前吃过螃蟹了，所以，我一直觉得这个测试比起我从前的很多创新产品的开发要相对简单，照着美国总部的试验设计做，不犯错误就好。但我又一次小看了这个隐身的巨人。

终于盼星星盼月亮，美国总部的试验设计盼到了，是一位资深技术专家起草的，洋洋洒洒、密密麻麻的二十多页完全不符合我PPT书写原则的幻灯片。他的PPT用“专业”术语叫“Word搬家”。就是把原本Word写的长段的内容，原封不动地贴到了PPT中。这样的PPT看起来非常费劲，不容易抓住要点。但这位技术专家我是非常崇拜的，人家花白头发底下藏的都是智慧和经验。心怀敬仰，大家分头啃着铅笔头钻研起这份PPT来。黄志作为最资深的薯片专家，为大家归纳要点如下：

1. 生产线先要连续开N小时，稳定后，才可以取样。

2. 取样要每小时分别取，注意观察生产线指标，所有指标在绿区[1]时才可

[1] 在百事，绿区是指稳定合格的区域，一般是标准值上下10%的区域；接下来是5%的黄区，需要密切关注，作适当调整。而一旦到了红区，产品就是不合格产品了。（这与一些企业用的六西格玛不同。）

以取样。

3. 老油的标样要在试验前后各做一个，只有标样一致，才能确保试验稳定。

4. 生产线必须不间断地运行，否则如果中间停机时间过长，很有可能要重新开始。

接到这样的试验计划，大家心里都沉甸甸的。这比我们想象的要复杂得多，危险系数也要高得多。原本想着按照市场部提出的逐步替代的计划，把新油和现在用的老油按比例混合后测试，一共做七个测试。但一个试验就这样庞大，我们只能对项目的范围进行重新的规划。为此，很多人，包括总部的油脂技术专家，也跳出来警告说："如果你们市场上的产品要上混合油，那么试验里就应该做混合油！因为你很难验证不同的油混合起来会发生什么。有可能两种纯油都不会出事，而混合起来，就会有问题！"我们由衷感谢这样的警告，它让我们考虑问题更加全面，能够更好地评估风险。但面对各方的各种观点，我们唯一的办法就是用数据来平衡三重约束。

天底下的项目都被三重约束纠结着：范围、时间、成本，中间围绕的是质量。在人力、财力、时间都有限的情况下，"精化"项目范围是必须的。之所以用"精化"，而不用"简化"，是指遇到项目范围过大过细的时候，要衡量所有因素，去除细节，找到能够说明问题的最短路径，即使它并不完美，也要对项目范围进行合理化瘦身，也就是让项目范围更"朴素"。如果要完成原先的计划，就需要比现在多四倍的原材料和时间。光粗算了一下油的成本，就超过了整个项目的预算。这让大家知道了，钱不是万能的，但没有钱是万万不能的。

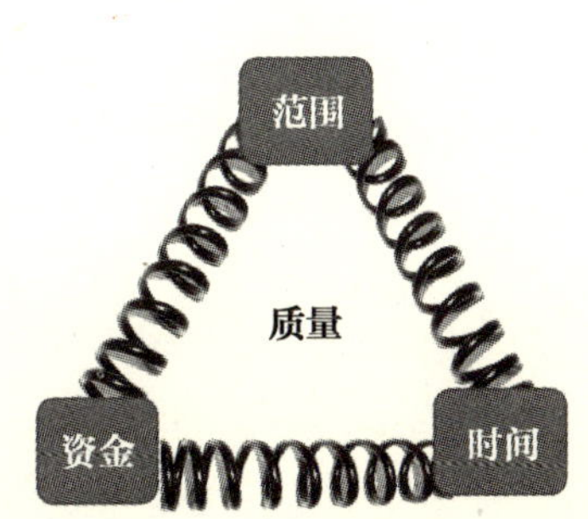

但是，职场里很多事做加法容易，做减法难，项目瘦身就是典型的例子。"项目范围的简化"听上去是应该偷着乐的事，谁不希望越简单越好呀，但往往简化的道路曲折复杂。有些人，尤其领导，喜欢打着“严谨”的招牌，要求下属尝试所有的可能。领导们总觉得做得越多，信息越多，越有助于他们的决策。这些，我们小虾米都理解，但是，很多时候穷尽法是不现实的。做一个简单的算术，一组试验，如果有两个变量，每个变量选择两个数，这样排列组合就是四个，如果再多一个变量，每个变量还选择两个数，就变成了八个测试。而我们实际工作中，没有几个项目能够简单到只有三个变量。每多一个考虑因素，工作量都是呈几何级数上升的。这不但意味着工作量的增加，也意味着费用和时间成本的增加。的确，我同意，每去除穷尽法里的一个测试都会相应地增加风险，但是，很多风险是可以管理的，而时间和费用却是花不起的。

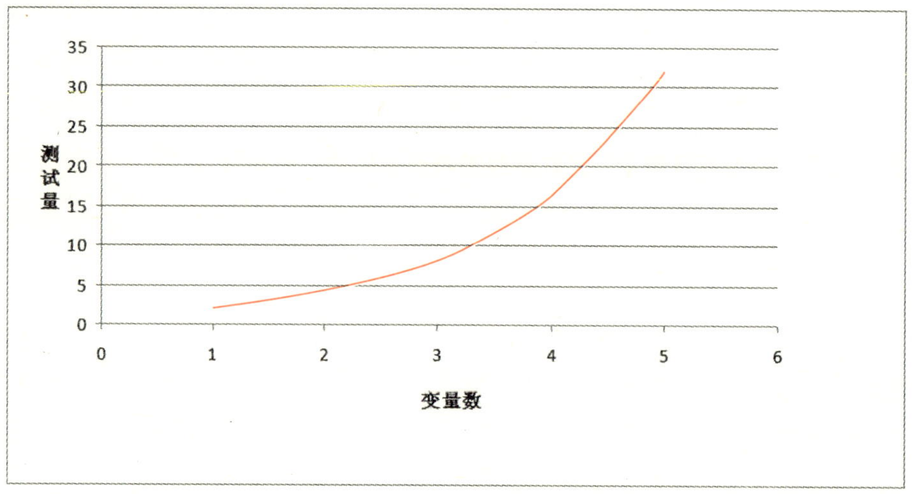

于是，我们怂恿着马克是不是能只做两种纯的新油，而跳过所有的混合油。即使这样，我们也需要在工厂里二十四小时地趴整整十天！我们的这些纵容就等于把马克往戴希蕊的火炕里送，如果有预算、有时间，谁都宁可多干点活，也不想招惹那个姑奶奶。我太崇拜马克了，他马上开始了和戴希蕊的谈判。

2 项目启动会上先约法三章

马克平时总是敞着办公室的门，我们有啥事，可以随时探个脑袋问："有空吗？"可一旦门关上，那一准儿是严肃的事，千万不要打扰。有几次我看见他和戴希蕊在办公室开会，又有几次皱着眉头闭门打好长的电话。一周后，马克终于正式通知大家项目范围被"瘦身"了，只做两种纯油，当然为此他要顶住很多"万一如何如何，谁来负责"这类的压力。有的时候，我喜欢开玩笑，说："天塌下来，有个儿大的，像马克这样的撑着。"但即使个子再大，抗压能力再强，给大项目瘦身，尤其是跟戴希蕊这样的人商量瘦身计划，绝不是什么轻松快乐的事。在项目范围确定后，我们终于送走了戴希蕊，开始了研发部分的工作，我们的研发项目组正式成立了。

整个项目由亚太区研发部负责，马克为项目经理，由我总协调，瓦丽代表泰国研发部，黄志和小邱代表中国研发部全程参与。由于没有机会把大家凑到一起，我们就以电话会议的方式，开了一个小型的项目誓师大会（kick-off meeting）。马克告诉我，项目誓师大会往往是一个项目中最最重要的会议，它不但决定了项目的大轮廓，更主要的是形成了团队的气氛。在这个会上，不忙于安排细致的任务或立军令状，最重要的是让大家彼此了解如何合作，也就是建立交流的平台和渠道。所谓的平台，是道德层面的，就是建立相互信任和合作的态度，这是合作的基础。所以，项目选人的时候，首先得是在一个平台上的人。即使同在一个公司工作，大家的价值观的底线是千差万别的。就好比同在一条马路上开车，遇到一个没有摄像头的红灯，有些人稳稳当当地停下来等绿灯，有些人就一边咆哮似的按着车喇叭，一边风驰电掣地冲过去。如果把两拨人放在一起出游，他们按照各自的方式开车，最后到目的地肯定打起来，闯红灯的骂不闯的手潮，不闯的骂闯红灯的流氓。这起码还能有交通规则辨别个是非，但在工作中，很多情况是清官难断的。

小八卦

我看过一个探索频道的纪录片，叫《动手达·芬奇》（Doing DaVinCi），讲的是一个团队将达·芬奇留下的图纸变为现实。在其中的一集里，他们要建造一个可以翻越城墙的战车。为了建造这个战车，需要锯几块非常粗大的木头。其中一个高高壮壮的工程师，为了快速地完成，挥起大电锯，三下五除二，粗糙地搞定了，他对团队的贡献是保证了按时完成。但另外一个文质彬彬的工程师就跟他吵了起来，认为他活干得太粗糙，导致装配质量出了问题，他的理由是："我们好容易有机会实现一个伟人的设计，为什么不做成精品呢？"而大壮觉得受累还不讨好，气呼呼地挥舞着拳头回应道："能动不就行了？不就是把图纸变成现实吗？"这种矛盾就是不同的价值观底线造成的。

再说说沟通渠道。沟通渠道是技术层面的。良好的沟通渠道可以减少内耗，让项目进行得更顺利。但如果沟通渠道不畅通，就会造成很多误解，从而伤害感情，甚至影响到交流的平台。可能的沟通渠道的数量可以用一个简单的公式计算：

$$N(N-1)/2$$

如果两个人沟通，N=2，渠道数量是1，而如果像我们这个项目团队5个人，这个沟通渠道的数量就变成了10。可想而知，沟通的复杂程度就大大增加了。如果不理出一个头绪，很难保证不出乱子。比如，有件非常重要的事马克是说过了，但只对黄志说了，我还蒙在鼓里，这就会造成我做错事。所以在项目里，简化和梳理交流渠道的数量也是非常重要的。

为了建立良好的交流渠道，在这次会议上，马克宣布项目组约法三章：

1. 整个项目对内由我综合完各方情况后向马克汇报，对外，由马克向大老板汇报，保证项目团队是一个声音说话；

2. 项目各国家的信息由当地的负责人负责，并最终把所有信息归拢到我这里，由我跟踪项目进度，并负责保证团队核心人员信息一致，英语里叫keep everybody on the same page；

3. 项目组定期召开电话会议，我统筹安排。

四年后，在我学传播学的过程中，学到小群体传播有五种常见的传播网络[1]，而这些网络恰恰体现了马克约法三章的科学性。

1. 第一种叫全渠道沟通：每两个成员都相互沟通，沟通渠道为N（N－1）/2。以这种方式进行信息传播貌似充分，但很难保证信息充分无损失地在团队里传播。所以这种沟通只适合团队建立初期的无领导状态。所以就我们的团队来说，是坚决不能采取这种复杂的沟通方式的，必须进行优化（见图1）。

图1

2. 第二种叫圆形网络：我们常听到的圆桌会议就是这样的形式。它能够提高成员的满意度

[1] Barker L L. Communication 5th ed. Prentice-Hall，Inc. 1990: 197.

和积极性，但解决问题速度慢，难以进行有效领导。克服这个缺点的办法就是先让团队充分讨论，再由领导拍板作决定。在我们健康油的团队中，内部沟通的电话会议就采用这种网络。大家都有平等的发言权，所有人的声音都被倾听，然后由马克根据大家的信息作出决定（见图2）。

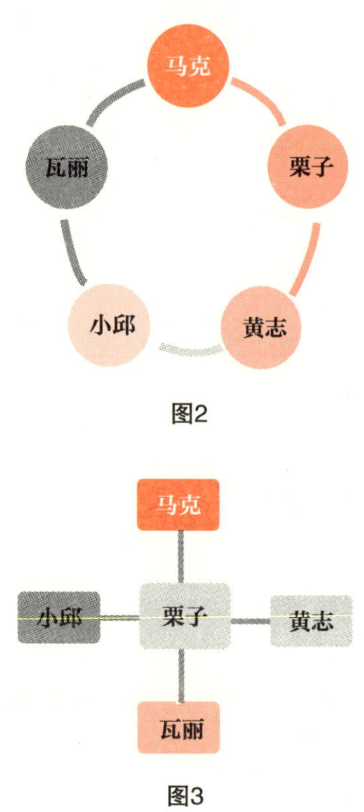

马克
栗子
黄志
小邱
瓦丽
图2

3. 第三种叫轮形网络：领导处于中心，权力高度集中，由他来委派所有的任务，团队成员间不沟通。这种传播效率高、速度高，但团队满意度低，积极性差，只适用于处理简单问题。我们的健康油团队把这个沟通网络用在了信息收集上。同时，处于信息中心的不是领导，而是协调员。这样协调员可以快速收集所有信息汇总，跃过了中间不必要的传递过程（见图3）。

马克
小邱
栗子
黄志
瓦丽
图3

4. 第四种叫链形网络：领导处于信息传播中心，接收和处理全部信息，团队其他人处于从属地位，而且还有一些成员不能与领导直接沟通。这种方式解决问题较快，领导效能比较显著，组织也稳定，但成员满意度低，士气不高。在健康油项目中，我们还要与核心团队外的其他部门合作，比如各地区的采购部门、上海的生产部门等。他们都是通过瓦丽、小邱和黄志联系的。这样做的优势是效率、沟通渠道明确。为了提高对方的积极性，瓦丽、小邱和黄志下了不少工夫。这个时候就是显示平时积攒的人品值的时候了（见图4）。

中国支持团队
小邱
马克
瓦丽
泰国支持团队
图4

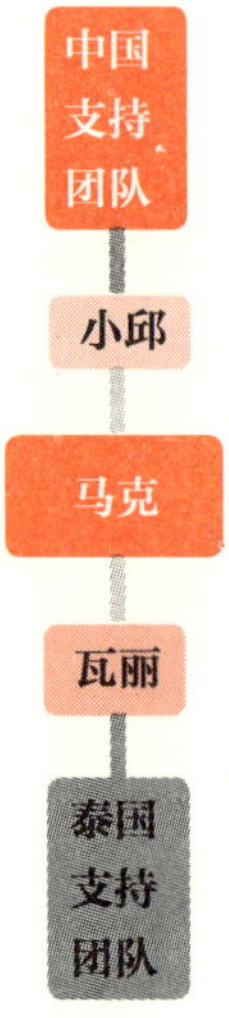

5. 第五种叫Y形网络：它具有“轮形”和“链形”的优缺点，即工作效率高、传播速度快、正确性高，但成员满意度低、工

作积极性差。我们把这个Y形网络倒了过来，以适应我们的应用，我处于Y形网络的结点，而马克在我上方，亚太区总经理处于最上方，因为他是给钱的，叫项目发起人。也就是马克所谓的对内我收集信息，对外他公布进展（见图5）。

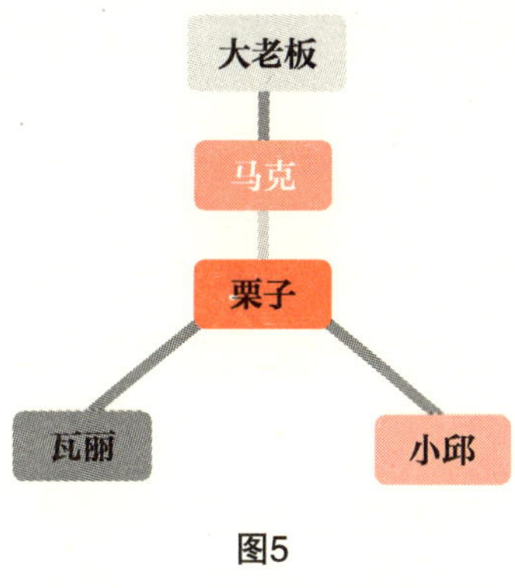

图5

我不得不佩服马克，当年他顺口说出来的约法三章好似这几种网络的变形金刚，不但在内部讨论会上通过圆形网络保持了小组中一个民主讨论的氛围，更强调了使用轮形来收集信息，用链形来调动其他团队，并且用Y形作为对外发布形式。通过专人的信息收集并单线地对外汇报，使得权力得以集中和充分的利用。

其实当时马克说完规矩，我可没想到它有多科学严谨，只是一下子感到了巨大的压力和责任，立刻正襟危坐，不敢怠慢。原本只是想来帮忙打杂的，这下可好，不但上了贼船，还成了船长的大副。我是核心成员里资历最浅的，但我肩上的担子却最重，尤其信息搜集的工作可不是你想要别人就乐意给的。作为亚太区，从各个国家要信息往往是一件最让人头疼的事，说白了，谁没有点个人隐私呀。虽然有马克在前面帮我狐假虎威，但我还是知道自己几斤几两的。

小八卦

很多在总部顺风顺水的牛人，一旦被“空降”到“地方”，就会遭遇职场中的滑铁卢。这样的例子我见得太多了，关键是没摆正自己的位置。当“被空降”的时候，我们不是来监督或者帮倒忙的，而是来帮助“地方”解决问题的。总部相对于地方只有一个优势：信息渠道。总部离“中央首长”更近，更容易争取到资源和支持。而总部的人往往缺乏对第一线压力的理解。这就很容易造成双方的误解。总部的人觉得自己都是在做大事，而地方都在纠结于细节，浪费时间。地方的人觉得自己才是战斗在第一线，做实事，总部的人光说不干，是靠我们挣的钱养的，还闲得没事来捣乱，站着说话不腰疼。不管你在总部工作也好，还是在地方奉献也罢，没有人会因为你的背景或者职位就信任你，所有的信任都来自接触，来自相互的支持和理解。

而马克敢于把这样的活儿交给我，就是因为他知道，这几年我已经通过那个不起眼的新产品分享活动在亚太区建立起了自己的关系网，得到了大家的认可。这是个需要点人品值的工作。我还给自己这个协调员的工作封了个“官”cheerleader（拉拉队长），这个连九品都没有的官，任务非常明确：鼓舞士气、统筹项目、团结群众。马克也给团队起了个火一样性感的名字——“H.O.T.”（healthy oil team，健康油团队）。就这样，一个项目开工了。

3 做好风险防范与管理

看上去，我们成功地确定了项目范围，建立了项目组，接下来就可以甩开膀子干了，这是考察我们执行力的时刻了。我参加过一个关于执行力的培训。培训的核心思想就是让大家像耐克广告宣传的那样：Just do it！坐在下面的我满脑子的不服气，手抱在胸前，往椅子背上一靠，像看大戏一样看着培训师在上面吞云吐雾地白话。“Just do it？这绝不是执行力，这是没脑子的驴。”我心里念叨着。做事情一定先要识别风险，把计划做好。

比如这个健康油项目，大家本以为项目范围确定了，可以开始干实际工作了，但千万别高兴得太早了。项目团队又在到底测试什么口味的薯片上发生了分歧。正方观点是：测试销量最大的口味；反方观点是：测试经典原味；泰国团队说：要多做些不加调味料的样品用于新产品开发；中方观点是：土豆有限，要把好土豆用在刀刃上！总之，公说公有理，婆说婆有理，大家扯着根电话线辩论。工作的事情可不像在学校里只有对错之分的数学题，更多的时候是在讨论风险，摸着石头过河。所谓的专家，也不过是能够看到更多的可预测的风险。他们或许能够让我们少走弯路，却不是能够保佑我们通向胜利彼岸的神仙。我们所能做的，无非就是避免部分风险，承担剩下的风险，然后努力做好每一步，减少负面风险发生的可能性。专家也不是上帝，不知道后面会发生什么。但如果只停留在风险讨论上，把不可控制的部分无限夸大，那么就什么事都不要做了。

小八卦

我曾经听一个朋友跟我描述过他们那里开会的“恐怖”气氛。所有人要么对别人的想法一言不发，要发言就以“但是”为发语词。没有任何建设性的意见，而总是纠缠于一些细枝末节的风险分析，然后无限制地放大风险，裹足不前，使得团队的气氛非常凝重。我猜，他们一定是从前发生过某人因为冒了风险，出了事故，而被追究的事情。但我总觉得，勇于尝试是一种品质。约瑟夫·波耶特（Joseph H.Boyett）说过：“成为真正的领导者之前不可或缺的一项经验就是失败。”不过探险与冒险是两个概念。前者是有科学保障的，而后者只是莽撞罢了。识别风险、规避风险、承担责任是成功者与懦弱者的最大区别。

面对这样一个重大的项目，项目组的每个人都能站在本方观点上滔滔不绝地讲几小时利害关系，且不带重样的。虽然我资历最浅，不发表太多的意见，但就是在一旁听着，我也不得不感慨这些资深经理们的经验，其实这都是宝贵的财富呀。项目管理里面讲究个lesson learned（经验总结），这些讨论虽然搞得我头疼，但帮我从冒险走到了探险的轨道上，这是我最好的学习机会。不过在这种百家争鸣的环境里，我更感慨的还是马克的先见之明。在我们约法三章的第一条就规定了：整个项目由一个声音来说话。所以，在窝里吵得再热闹，对外却总是团结一致，向着一个目标前进。在这场激烈的辩论中，最终考虑了诸多因素以后，马克拍板决定：只做原味的薯片。泰国团队可以在正式取样前，取一些未加调味料的薯片，用于后期其他口味产品的开发，但所有相关的额外费用，均由泰国团队另付。看上去多好的一个决定，后来才知道麻烦大了去了。

4 通过镀金让客户变粉丝

不久我们发现，这首场酣畅淋漓的讨论，对我们整个项目的民主建设有特别的意义。一方面，它奠定了项目组先民主讨论、后集中决策的做事方法，又避免了项目进行中的节外生枝，专业词语叫“项目范围蔓延（creeping）”。这种蔓延，往往会像癌症一样，悄无声息地蚕食项目的资源，甚至导致项目的失败。

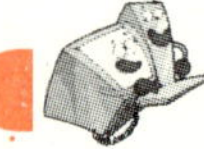

小八卦

我一个好朋友参与他公司的一个大项目，这个项目要和几个客户合作开发一个新的应用。公司高层都出面了：凡是和这个项目相关的事一律要开绿灯，必须支持！于是他拿着上方宝剑信心满满地开干了。可做着做着，他发现这几个大客户比较难啃，为了对公司有个交代，他们就开始盘算着和其他的客户合作，而前面几个没啃下来又不能丢。结果摊子越摊越大，饼越画越大，不停地向各个部门要资源，把所有人搞得焦头烂额，人都累得瘦了三圈，但项目还是没完成。我再见到他，好像变了个人似的，他苦笑着告诉我："要减肥，做项目！"再后来，他被诊断出了抑郁症。本来是年轻有为的接班人，一下子一蹶不振。每次想起他，我都感慨万千。

项目蔓延是最可怕的错误，也是最常见的问题。避免蔓延的方法其实非常简单，就是在项目前期，把所有可蔓延的枝枝叉叉拿出来大家一起讨论，对所有不做的事情说No，把分歧消灭在萌芽里。

另外一种类似的情况叫项目镀金（gold plating），正面的理解可以叫锦上添花，负面的说法就叫画蛇添足。它是指在满足基本要求的前提下给客户添加新的内容。如果你参加项目管理师资格（PMP）考试，见到有项目镀金的题目就一定要选：这是一个失败的项目，理由是镀金就要消耗人力、物力，所以会造成新的成本。然而，在现实工作中，是不是镀金就等于项目失败呢？我个人不敢简单苟同。

首先要看镀金是在项目的什么阶段。在项目开始和中间镀金，我也坚决反对，因为那样往往不好控制，最终走向了项目范围蔓延的迷宫。而如果是在项目结尾，有富余的财力、物力的情况下，适当的镀金是可以接受的，甚至是应该受到鼓励的。英文讲"go extra miles（多跑几英里）"，这是一种积极向上的态度。要想在职场里不狼狈，秘籍就一条：自己对自己的要求比老板对自己的要求高一些，主动地多跑几英里。这种镀金，在老板那里是加分，在客户那里就是added value（增值）。就好比在淘宝上买东西，如果店家主动地送个小东西，哪怕根本不值什么钱，也会觉得很贴心。

有时还可以"软镀金"，面对同样的硬性要求，我们做得更精致。比如同样做项目汇报的PPT，我们可以把它做得更有品质感、更专业。这种镀金不花银子，只动脑子，但起到的效果往往非常好，可以把自己从与竞争对手针尖对麦芒的价格战里解放出来，让客户成为你的粉丝。

打靶归来定范围

为了有效地确定项目范围，可以采用一个集体讨论的小游戏，我叫它“打靶归来”。

所需道具：大白纸或白板、白板笔、即时贴。

方法：首先，在一张大白纸上画像靶子一样的两个圈。靶子的中心代表一定要完成的；两个圈中间代表如果有精力，可以在项目后期完成的，也就是镀金部分；而圈外面，则表示不在项目范围内，也就是杜绝蔓延的部分。接下来，给团队十分钟时间，每个人用即时贴写上自己认为项目应该包括的部分。然后，轮流发言，说出自己写出来的内容，并陈述理由。大家对每一条作出评判：是应该在靶心，还是两圈中间，还是干脆放在靶子外面。同时，把一些相同或相似的项进行合并，合并完的项组合在一起，就形成了项目范围。

这样做的好处是：

1. 团队所有人都参与其中，集体形成的决议避免了有人做事后诸葛亮。

2. 每个人都参与讨论，可以把项目范围想得很周全，避免漏掉细节。

3. 把可能发生的范围蔓延都扼杀在摇篮里，且得到了团队的一致意见。所以，这个活动就像打靶子一样，虽然大家都是冲着靶心去的，但一起讨论以后，必定会有部分内容落在靶子以外，“打靶归来”后，项目范围就非常明确了。

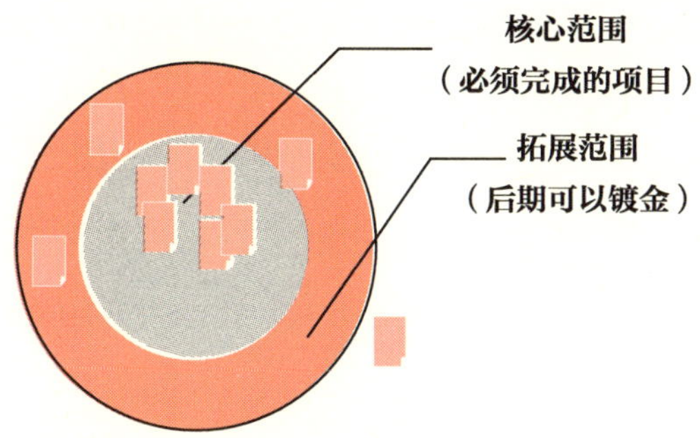

这样的活动我组织过几次，开始还会担心当着大家的面看着自己的方案被“拿下”，会不会让人很没面子，但结果我发现，这种活动讨论的氛围非常公开、公正，理由通常都是由项目的三重约束决定的，所以，大家都会心服口服。

5 用时间表抓住项目的七寸

自从上次马克帮我调整甘特图，我长了记性，后来再修改WBS和甘特图时，不但把工厂测试这种事前后留出余地，还特别把老板开会决策步骤给列了出来。我发现在工作过程中，项目时间上最容易出问题的点不是真正甩开膀子干活的步骤，而是在会议室里讨论作决定的步骤。这些才是项目的七寸要害。很多人把WBS中“决定××事”这类的项目时间写成一天，理由是开会就需要一天呀，但其实起码要写成一周。这种步骤往往依赖于领导，一旦领导拿不准，犹豫一下，或者人家日理万机，没那么多工夫理你，十有八九就得往后拖。

我们往往最先体会到延期就是在项目最开始确定项目范围的时候。确定项目范围就像一个跑步的发令枪。大家跑一百米都是用十几秒钟，但首先要告诉

我往什么方向跑。方向您决定好，一下命令，我十几秒钟就能跑到。但如果您迟迟决定不了目标的方向，哪怕换成刘翔也没有用。所以，在甘特图上一定要把停下来决定方向的讨论时间留得足够长。为了避免无休止的拖延，建议一方面多和发起人沟通，另一方面设立项目例会，经常定期地交流项目中遇到的问题，把一些风险消灭在摇篮中。

你不妨试试

以下会议要提前与相关老板通气，尤其是那些经常出差的空中飞人：

1. 项目范围确定会；

2. 项目阶段性审批会；

3. 预算批准；

4. 其他有大风险，或需要跨部门沟通协调的会。

同时，这些日理万机的老板也要懂得放手。经常看到一些新经理，自己累得贼死，下面的人都闲得无聊，在网上偷菜、看八卦。这事我妈最理解，她老是埋怨我们懒，不帮她干家务，整天自己累个半死。我却理直气壮地顶嘴说：“我们干什么您都不放心，都不满意，那我们干吗还干呀？反正都是要听唠叨，那还不如偷偷懒。”经理就是手下人的老妈。你要安排的不是你自己的8小时，而是全组10个人的80小时，否则就是您干24小时，也还浪费了56小时。

我曾经被印尼的第二大公司的老板接见过。我无非只是个小小的供应商代表，人家是上了福布斯排行榜的人，能有时间见我就不错了。为了见他，我准备了三周的材料，又约了两个月才约上。最后我们见面的时候，会议不时地被其他电话和会议打断。让我想起郭德纲说德云社最困难的时候台下只有一个观众，人家手机响了，接电话，台上的演员就停下来等着。我那天就是台上的演员。虽然他见我的时间加起来不过半小时，却历时四个钟头，加上我来回的飞机，就是三天。我能理解他的忙，他对公司认真负责，才有了今天的成就，但我不能理解他为什么不放权，而非要做个拦江大坝，困住了自己，也困住了别人。如果不是他来把关，我们的项目早在两个月前就可以向前推进了。虽然我实在没有资格对这么大个富翁说三道四，但正在筑大坝的老板们是不是能够考虑一下疏导的方法，让项目更快地进行呢？

吸取了之前的教训，我并没有把新的甘特图就这样发给大家。我写了一个要点：

1. 这个项目将历时一年半，将在2008年8月完成，其中九个月是用来做保质期测试的（从关键路径读出）。

2. 项目结束日期的关键取决于工厂在线测试的时间，因为后面九个月的保质期测试是压缩不了的。如果能把工厂测试的时间提前，项目就可以提前完成。

3. 由于工厂测算是成败的关键，项目的前期所有工作要围绕工厂在线测试进行，其中的关键点是两种新油进口到中国时海上运输的时间。因为牵扯到订船、运输和进口几个不在我们掌控的时间点，这个总时长不太好控制，我们应该尽可能留出足够的时间。

4. 当务之急是讨论出工厂在线测试的具体实施方案，计算出所需的原料总量，总量确定后，就可以开始订原料了。

马克看了我的E-mail，立刻回复：项目需要加速，我们的初步测试结果必须赶在下一年计划会上交给决策层。这样的日期，在项目管理里叫强制性截止日期（imposed deadline），说白了，就是项目打死也要在这之前完成。比如奥运场馆必须在8月8日开幕式前投入使用，就是这个意思。有了这种强制性截止日期的时候，我们就必须重新逆向推算，尽可能地在风险可控的情况下，把可同时进行的活动同时操作，然后再次确认项目的时间，尤其是关键点的时间。经过一番调整，最终的时间表显示，要想在计划会前交给老板初步结果，我们就必须在6~7月间进行在线测试，那么油必须4月份前就运出来，也就是说3月份就要下订单。

当时是1月初，如果你认为我们还有充足的时间的话，那就大错特错了。

6 用RACI矩阵明确团队职责

WBS制作完毕之后，就要规划一个RACI表。很多人都知道WBS的下一步是甘特图，却忽略了RACI矩阵。其实，RACI矩阵是从范围管理到人事管理的过渡，不是重要，而是相当重要。RACI是四个字母的简称：

- R–responsible（负责）
- A–accountable（问责）
- C–consultant（咨询）
- I–informed（通知）

RACI矩阵其实做起来并不难。第一列就是WBS。然后把项目团队的人根据职责填到相应的RACI中。比如我们这里简单举一个例子。

WBS	负责（R）	问责（A）	咨询（C）	通知（I）
确定测试范围	项目团队	马克	美国薯片专家	亚太研发副总
制订项目实施计划	栗子	马克	团队	团队
确定工厂测试	小邱	马克	黄志	栗子
原料采购	采购经理	小邱	马克	栗子
消费者测试	消费者测试经理	栗子	美国专家	团队

在这个矩阵中，“负责”的工作量是最大的。如果发现某个人在这项里承担了太多的工作，项目经理就应该根据资源使用情况进行相应的调整，尽可能地达到平衡。

当一个项目的RACI矩阵做出来的时候，它最大的意义是：

1. 明确职责，各司其职，让项目真正一个齿轮一个齿轮地转起来。而不会出现“有人没事干，有事没人干”的局面，更不会所有人都像没头苍蝇，忙忙碌碌地飞来飞去却不知道在干什么。

2. 平衡工作量。大家都不是内裤外穿的超人，何况大家手头又都不止一个项目，通过这个矩阵很容易看出有哪位同志的革命工作过重，我们可以给他分担一些。所以我经常说RACI矩阵是一个让N个和尚抬水吃的矩阵。

Responsible和Accountable英语里都是承担责任，但它们的区别在于R是实际做事情的人，而A是最后对此事负责的人，就好比煤矿出事了，当地负责安全的主管要承担责任，因为他是问责（Accountable），而实际上导致事故的人是负责（Responsible）。

对整个健康油项目来讲，马克是问责（Accountable），瓦丽、黄志和小邱是负责（Responsible），美国总部的专家是咨询（Consultant），而我是被通知（Informed）。虽然这是个被动语态，但这不意味着我只是在那里守株待兔等信息。信息不是等来的，是主动“收集”来的，但信息不是用来“被收集”的，是用来帮助决策的。德鲁克在《21世纪的管理挑战》一书中讲“一个新信息革命正在进行中，它将彻底改变信息对企业和个人的意义。它不是技术革命，而是概念革命。至今，信息技术集中在数据，聚焦在‘IT’中的‘T（技术）’；新信息革命聚焦在‘I（信息）’”。工作中，我们往往急于找各种各样的信息，却没有坐下来静静地深挖一个孤独的数字背后真正的意义。我有一个经典的数字解析故事。百事的股票在我在公司的那几年，从45美元一路扶摇直上，升到了70多美元，可是当我刚刚离开，股价一下子跌到了55美元。我总是用这个数字来调侃我的重要性。而股票下跌的真正原因是金融危机。可见，真实的数字也可以说谎，而且说得如此漂亮。对同样一段信息，可以有无数种解析，这需要IQ（智商）、经验和眼界。千万别小看这个被动的通知，在它背后是一连串的分析、整理、汇报工作，有着无穷的奥妙和挑战。就好比七巧板，可以组成无数种图形，同样的信息在不同人手中就能变成不同的故事，挖掘出不同的深度。所以在RACI中，每个角色都是非常重要的。

再具体到每一项工作，很多时候这四个角色是相互转化、相互支持的。比如，做时间表甘特图这项任务里，我是负责人（R），项目组其他成员是我咨询（C）的对象，而大老板们是最后要汇报（I）的，但一旦甘特图完成，它真正的主人就变成了我们的几位薯片专家。

很多时候，我们总是以为一项工作只要指定了一个负责人（R）就可以了。其实这远远不够。没有其他几项，就没有了各个项目之间的互动，没有互动，就像没有齿轮转动的机器，无法运转。问责A决定方向，咨询C建议方法，通信I决定信息传达。尤其要多说两句最容易被忽视的“I”。就像I这个字母的模样一样，它就像一个接力棒。我们看4×100米接力，最重要的不单是每个队员自己的实力，还有交接棒的技术。在一个项目里，如果大家都只盯住了自己问责和负责的项目，而忘记通知相关人，那么就很容易闭门造车，团队一盘散沙，谁也不知道别人进行到哪里，没有接力棒传递下去。有时候，在办公室里，会听见有人嚼舌头：某某某天天趴在电脑前，谁也不知道他整天在忙什么。肯定这个某某某觉得很委屈，其实就因为他没有及时把自己的成果广而告之。好比动不动就说什么东东我们中国人比欧洲人早发明几百年，但最后这项发明或发现还是因为欧洲人在世界上广为传播，就是因为我们中国人当时还关着国门，没有公告天下。做项目是团队协作的艺术，合作就是协作的核心，交流就是合作的手段。

RACI矩阵的另一个用途就是用来给员工授权，英文更贴切，叫empower people，我翻译成茜瑞的名言：赐予我力量吧！

小八卦

我曾经工作的一家公司里有一个从国外总部过来的市场部经理，是个老外。其实这个人没什么招人烦的外国人特有的臭架子，而且工作特别努力，但就是不讨人喜欢。大家最怕跟他一起开会。逐渐我发现，原来问题在于他没理解RACI的关系。在一个公司里有不同的项目，每个部门都承担起不同职责，具体到每一个项目的各个步骤，每个人也是在扮演着RACI中不同的角色。而这个市场经理太拿自己当棵葱了，凡事这棵葱都要挑大梁扮演问责的角色，所有的细节他都要被告知，但具体工作却都要别人负责做，只相信总部的咨询意见，而不相信面前的专家意见。好几次了，本来销售信心满满地能搞定一个客户，他非要披上认真负责的外衣去挑战一堆对方已经成竹在胸的问题，显得对人家一百八十个不放心；本来技术部门也明确该怎么干了，他偏偏要事无巨细地确认到试验操作级别，问个底儿掉。结果大家都觉得他手伸得太长，缺少了对人最基本的信任。后来大家不得不调整战术，遇到被挑战时就反问他："你市场部的工作又做得如何？"这招也许叫围魏救赵。他恐怕总觉得地球没有他就不转了。其实地球转得最开心的方式是每个人都清楚自己在一个项目中的职责，然后做好自己的部分。该问责的时候，做好决策；该负责的时候，把细节想清楚；该被咨询的时候，只表达观点，不参与决策；该收集信息的时候，注重信息的收集，更要挖掘背后的意义。

2010年希腊政府爆发金融危机，有个报道就在说，欧元区就像一个有十几个引擎的火车，大家必须彼此协调，否则，如果有人快、有人慢，这辆列车就会出轨。项目也是一样，不同的部门自己管好自己，各司其职：同时通过通知（I）把整个信息联系起来；通过咨询（C），把人团结起来；通过认真负责（R），把列车运作起来；通过勇于担当（A），把方向把握好。很多工作非常努力的人，觉得自己受排挤是因为"劣币驱逐良币定律"。其实您太高看自己了。职场上劣币并不多，没有足够的气势来驱逐良币。关键是很多人总拿自己当良币，把别人看扁了，没有授权周围的人。

7 作决定不是为了让所有人满意

中文里把empower people翻译成授权，其实还有一层丢失在翻译过程中的意思，是对人的鼓舞和鞭策。马克就是一个善于授权的人。在这个健康油项目中，他给了我很大的空间让我做决定，表达自己的观点。马克转让给我部分A（问责）的权力，让我尝试主持这个项目的实施部分。这样做，对马克是个解脱，对我是个锻炼，对团队也是好事。一方面，项目团队得到了部分解放，可以不用事事都等他这个大忙人作决定，就此少了个站在关键路径上的门神，而多了个有事好商量的小鬼，从而节省了不少项目时间。另一方面，我也从中得到了极大的锻炼，过了一把管理大项目的瘾。虽然看上去是个双赢的好事，但我这个拿着鸡毛当令箭的小虾米是不是能摆得平、玩得转呢？我横下一条心，有困难要上，没有困难制造困难也要上！谁让咱是马克授权的健康油女王呢？

当我需要作一些小决策的时候，资深的薯片专家们就成了我最好的咨询顾问。每次都虚心地分别请他们帮我分析风险，给我讲一个又一个或成功或失败的案例。然后，再把其中一个专家提出的风险请另一个专家帮我再作分析。几轮下来，我就能够有足够的信息作判断了。这让我想起在总部培训的时候学到的：从别人的失败里快速学习。我当时很得意自己的判断力，把它归结于自己的长项。我并不害怕承担责任，乐于作决定，并坚决执行。每当看见因为我的决定，项目顺利向前推进的时候，就特有成就感。还是那句话，只要能给马克分忧，我就两肋插刀！其实我那时并没有意识到，这就是所谓的“德尔菲技术”[1]。这种技术很好用，第一，因为是匿名的，不会得罪人；第二，多轮全面咨询专家，会把问题考虑得很全面；第三，省时省力。要知道在公司里召集一个会议多费劲。而德尔菲技术有根电话线就解决问题了。我就是通过这根电话线，“嗯”“啊”“这

[1] 德尔菲技术，又名专家意见法，是依据系统的程序，采用匿名发表意见的方式，即团队成员之间不得互相讨论，不发生横向联系，只能与调查人员发生关系，以反复地填写问卷，以集结问卷填写人的共识及搜集各方意见，可用来构造团队沟通流程、应对复杂任务难题的管理技术。

是”地搞定了很多问题。

你不妨试试

德尔菲技术还特别适用于气氛不够团结的团队。如果把情绪上就有过节的人聚到一起开会，很难达成一致。头脑风暴这种形式在这种团队下就更是想都别想。头脑风暴的一大原则就是对别人的意见不给任何负面评价。没事还找碴的人凑在一起头脑风暴的话，不掐起来才怪呢。但如果采用德尔菲技术，让相对中立的主持人分头咨询每个人，他们就会更放松，不会担心别人手里攥着的臭鸡蛋，会随时拽下来。而主持咨询的人，在最终作出整合决定的时候，也可以少受情绪干扰；并且建议在最后作决定的时候，通过感激的方式，把别人的贡献说出来。比如，在这个测试设计中我采取了张三的好建议，在方法上，李四说得很有道理。这样一方面团结了同志，另一方面也让团队全体共同承担起责任。

很多人觉得作决定的时候一定要民主，其实这大错特错了。决定一定要在民主后有集中。这让我想起维多利亚告诉过我的：“栗子，一件事不可能让所有人都满意！”

小八卦

那一次，我们去泰国的一个热带原始森林里搞团队建设。酷爱户外运动的维多利亚安排了第二天一早去爬山。维多利亚嘴里的爬山可不是我们概念中的铺好了路的香山，而是“人走多了才有了路”的原始森林。因为是在热带，林子里有很多水蛭，吸血的那种，所以要穿过膝的防水蛭的特殊袜子。我听了就觉得很恶心，很多女孩子跟我想法一样。好在那天我生病了，因祸得福，得到豁免，不用去爬山。等他们爬山回来，好多人都活灵活现地跟我形容水蛭多么的恶心，嫉妒我塞翁失马，躲过一劫。也因为我生病，在回曼谷的路上，我没有跟着大家坐大巴车，而是和维多利亚坐了她的宝马。维多利亚在车上看大家对这次团队活动的反馈表。大多数人都说爬山太累了，而且水蛭太多，但就是有几个人，偏偏要说时间太短，应该多爬一会儿。维多利亚指着这两份问卷，告诉我："栗子，当我们不能让所有人都开心的时候，必须有自己的判断，有自己的想法。"维多利亚的口头禅是Nothing impossible（没有不可能），但她却说了不可能让所有人都满意。她的话，让我时时刻刻记得，作自己认为正确的决定，是推动事情向前进的唯一办法。

8 直率是最大的优点，也是最大的缺点

前面那些关于我如何痛快地作决定的话是事后这么说的，又是长项啦，又是考虑全面啦，好像我是活神仙，但当时决策的痛苦让我脾气变得很暴躁。就像英国前首相布莱尔离职演讲时说的："作决策总是难的。每个人都说'倾听大家的意见'，但问题是，大家的意见并不总是一致。"决策过程中受的误解和委屈以及要承担的额外的压力只有自己知道。庆幸的是，人的大脑是可以过滤记忆的，我已经忘了当时都受过哪些委屈，只觉得上了马克的贼船。那时候自己很烦躁很tough（强硬）。Lee牛仔有个品牌就叫Tough，那阵就特别想买一身当做这

个项目的工作服。我其实并不喜欢自己这样强势，但是一到了关键时刻，这股劲就顶上来了。“决定就是决定！”大有一股铁姑娘的劲头：“出了状况我来处理，谁也别来劝我，就这么办了！”说话也不会讲究方式方法，常常是一个正确的决定带着错误的情绪就出来了。现在想想，真是可笑，而那个时候我却全然不知，因为我知道自己的决定是正确的，也就不会顾及大家的感受。我相信很多人会认为我这个家伙不可理喻。就在那年，年中点评的时候，马克对我说：“栗子，你知道吗，你最大的优点是直率，但这也是你最大的缺点。”我回了一句：“哦，那我没有缺点了。”虽然嘴上这么说，但我自己心里明白，好多话可能换一种方式说会更容易让人接受。可是那时的我不会，甚至觉得那样就不是我了，就虚伪了，做事就应该丁是丁卯是卯的。但多年后的现在，我知道了那不是虚伪，而是打内心里考虑别人的感受，从对方的角度想问题，那叫成熟。时间是不会让人自动成熟的，而是需要碰钉子历练，更需要思考。

小八卦

那天和一个朋友吃饭，酒过三巡，菜过五味，跟我说了一段他的辛酸往事。他是85后，刚毕业不久就找到了一家公司做考研班的市场推广。一个月能挣七千。“七千呀！”他特别强调着。这对他这样的普通大学毕业的本科生着实不少。结果有一天，领导来问他：“某某大学里怎么没见到我们的广告宣传？”他一时脑子短路，冒出来一句：“你眼瞎了！”话刚说出去，他就老后悔了，办公室一屋子的人都诧异地看着他。没办法，只好打报告辞职了。一句话丢了七千块一个月的好工作。其实他也是性子太刚烈，要是赶紧服个软，给老板道个歉，多说两句好听的，估计也不至于非要离开。所以，年轻人真的要把住自己的嘴。

有一次，我们坐面包车去位于曼谷郊区的炼油厂考察，瓦丽的老板也和我们一起去。她坐在我前面。半路上，她忽然转过头，手攥着空拳，假装拿着话筒一样，笑着对我说："栗子，我想采访你，你作为HOT的cheerleader（拉拉队长），感受如何？"我一下子愣在那儿，居然根本就cheer（欢乐）不出来了，一脸的苦笑，一句话也没说出来。她对我说："我听说了，你非常辛苦。"听到这儿，我差点掉眼泪，有老板的这句话，知道我没有功劳还有苦劳，这就足够了。这时候，我们路过了一个很大的寺庙。"你信佛吗？"她接着问我。"我不信，中国人大多没有宗教信仰，即使信也都是迷信，而不是宗教。"在泰国三年了，我没有去任何一个寺庙里跪过任何佛像，包括著名的四面佛。我是一个不懂得入乡随俗、而只愿意遵循自己的原则的人，这种人有个好听的名字叫"做自己"，不好听了就是"油盐不进"。"其实佛对我最大的启示在于中道——凡事不绝对。"她一边对我说，一边双手合十，向寺庙的方向行了个礼。这是泰国人见到佛像和寺庙的本能反应。在我看来，这已经融入了他们的基因，或许随着这个动作融进去的还有这些平和。中道？大乘佛教的奠基人龙树的著作之一就是《中论》。但我还真不知道泰国的小乘佛教也信这个"中论"。我是个没有慧根的人，但对与之异曲同工的儒家倡导的"过犹不及"的中庸之道，还是能多少明白一些的。我是不是在做事情的时候情绪太过了呢？我自己反思着。

小八卦

我的美国爸妈对我的"信教就是迷信"的观点提出过异议。他们一家是虔诚的基督徒。从他们那里，我看到了真正的宗教信仰者。信仰宗教并不意味着天天祈祷好运，而是一种生活态度，其中很多和我们从小被教导的中华传统美德并不冲突。他们告诉过我，基督教对他们来讲，最大的意义在于学会宽恕。宽恕别人的过错，宽恕你的敌人。他们给我举了曼德拉的例子。1991年曼德拉出狱当选总统以后，他在总统就职仪式上邀请了当初看守他的三名前狱警。年迈的曼德拉缓缓站起身来，恭敬地向三个曾关押他的看守致敬。曼德拉后来向朋友们解释说，自己年轻时性子很急，脾气暴躁，正是在狱中学会了控制情绪，才活了下来。他的牢狱岁月给了他时间与激励，使他学会了如何处理自己遭遇的磨难和痛苦。他说，感恩与宽容经常是源自痛苦与磨难的，必须以极大的毅力来训练。曼德拉说起获释出狱当天的心情："当我走出囚室、迈过通往自由的监狱大门时，我已经清楚，自己若不能把悲痛与怨恨留在身后，那么我其实仍在狱中。"这种胸襟我至今也做不到。

瓦丽的老板那天对我说的"中道"，我至今也没能领悟到精华。但我感觉到了，我需要放宽心，耐下心，更平和，更成熟。或许做项目我能做得很好，决定我做得很对，但如何让项目做得大家都开心，我还需要摸索。《荀子·不苟》中说："君子宽而不僈，廉而不刿，辩而不争，察而不激，寡立而不胜，坚强而不暴。柔从而不流，恭敬谨慎而容，夫是谓至文。"[1]也就是从那天起，我终于悟到了至今常常和别人唠叨的项目的两种结果。很多人认为项目的两种结果是：成功和失败。我在《别告诉我你懂PPT》中就先说了，世界上没有失败的项目，我们总可以从"失败"的项目中得到今后收益的东西。那么项目的两种结果到底是什么？项目的两个结果其实是：项目的成员下次还愿不愿意跟你一起做项目。它和项目的成功失败完全没有关系。也许项目因为某些客观原因失败了，但是大家团结一致，尽力了，学到东西了，成为了好朋友，以后还要再起炉灶一起干！而有的时候项目表面成功了，但大家钩心斗角，争名夺利，谁看谁都不顺眼，以后恐怕见了面招呼都不打一

[1] 君子心胸宽广却不怠慢他人，有原则却不伤害他人，善于雄辩却不与人争吵，明察事理而不偏激，品行正直却不盛气凌人，坚定刚强却不凶暴，柔顺温和却不随波逐流，恭敬谨慎并能宽容大度，这就叫做德行完备。

个，就更别提一起干了。对于眼前的这个项目，或许是只许成功不许失败，但其实，项目我们输得起，而朋友我们输不起。看着那金碧辉煌的庙宇，我头一次像车上其他的泰国人一样，双手合十，行了个礼。让我放宽心、再放宽心吧！

不懂**项目管理** 还敢拼**职场**

BUDONG XIANGMU GUANLI
HAIGAN PIN ZHICHANG

第五章

磨刀不误砍柴工

巧妙打磨小工具，让工作事半功倍

1 多问问题是不会死人的

由于我们项目本身是个跨国项目，这种virtual team（虚拟团队）是项目管理的一大忌讳，因为交流太困难，不好管理。为此，我特别打磨了一套小工具，这些小工具看上去没什么特别，都是我们工作中常用的，但稍微作些改变，就能让工作事半功倍。

先来说说我自己没事找事的另一项工作：开辟一个E-room。所谓E-room，说白了就是网上的一块公共分享空间。要不是跨国项目，服务器上的公共盘就可以解决问题。一跨了国，就只能用E-room或SharePoint这种网络公共空间了。因为涉及公司商业机密，我们不能用类似谷歌上的开放空间。有专门的网络技术公司靠给大公司提供这样的服务挣钱，百事就是被宰的大客户之一。

在我们之前，专门为一个临时性的项目开辟一个E-room还没有人做过。所以我首先要找到负责开辟E-room的人。顺藤摸瓜，好不容易找到了负责的美女，她在位于纽约的百事饮料国际研发总部。晚上等着纽约上了班，我给她打通了电话。比起冷冰冰的E-mail，我更愿意和对方约个电话，把事情说得更明白些。我告诉了她我的想法和需求。她很热情地告诉了我一个坏消息："栗子，你的想法很好，但是我要告诉你一个现实问题，给你开通一个E-room只要一小时，而讨论清楚你这个E-room要从哪里掏钱恐怕要讨论上个把月。"然后她从组织结构上系统地分析了我们这个团队"对口归属"的四种可能性。"啊？不会吧？"没想到美国人也会这样官僚，找到个“有关单位”这么难。接着她给我介绍说：“之所以要找到对口的审批单位，是因为E-room并不便宜，但开通一个账号可以一下子开通五个E-room。每个老板都需要控制开通数量，以免浪费钱。其实不光是你，食品那边申请的另一个也在讨论中呢。”“哦，是坚果组吧，我知道，我是成员之一。”“对。”坚果组的情况我知道，是一个全球横向研究组，达拉斯的一位帅哥经理挑头的。如果美男都这么费劲，我这恐龙几乎想都别想了。“等等，”我忽然灵机一动，“你刚刚不是说开通一个账号可以开通五个E-room吗？能不能帮我查查哪个人开通的五个项目里还有空余没有用的？我去求他借我一个。”“哇，栗子，这真是个好主意！我查查，明天回复你，好吗？”

第二天一早，我收到了来自纽约的信：“栗子，你真幸运，这里的一个副总裁是E-room的负责人，他开通的一个账号里还有一个剩余的E-room，可以借给你用，并且是免费的！他也想推动E-room在全球项目中的应用。希望你在使用过程中能给我们一些反馈，让我们更好地推广，祝你们项目成功！下面是登录的方式……使用指南的培训资料我已经放在E-room里了，有什么问题随时联系！”天哪，就这样，我花了两天的时间就要来了一个免费的E-room，还是从一个副总裁那里。而那个坚果团队的E-room是在一年后才开通的。

有的时候，当我们觉得山穷水尽的时候，不要放弃，很多人都愿意帮你，但他们不知道怎么帮你。厚着脸皮多替想帮你的人想几个“这样可以吗”的问题，说不定哪扇门就开了。我总是冒充老大教育那些胆怯的刚毕业的大学生：“问问题是不会死人的！”大不了是没有，但你不问就不可能有。

2 把E-room从仓库变成温馨的家

E-room是要到了，但管理它是另一个学问。很多组的E-room就像一个无人看管的库房。大家都往里面堆东西，外号“万人坑”，貌似很有分享的精神，可是别人根本找不到有用的信息。

从前都是全球的专业课题组才有这样的空间，我是几个课题组的成员，拥有几个E-room的账号，但说句实话，我几乎不去，因为东西太多太杂，服务器速度又慢，找不到想要的东西。像马克这样在公司干得年头长、涉及课题多的人，E-room账号多得到了泛滥的程度。大家觉得这个东西就是鸡肋，理论上说得很有用，但实际上根本没人用。可是我坚信E-room使用率低不是这个工具本身的错，而是使用者的错。E-room往往就好比我们一群人吃火锅，大家都往里面放肉放菜，而当我想吃羊肉的时候，我夹第一筷子，发现捞起来的是豆腐，第二筷子下去，上来的是生菜，第三筷子，这次更无奈是块鱼头，然后我就下结论了，锅里没羊肉。其实锅里有的是羊肉，只不过找不到。那么怎么改变？改变的办法就是把火锅变成关东煮。把信息分格子，穿成串，一眼就能看到。所以我要做一个分类的工作，提高跨国项目团队的工作效率，帮助实现马克所说的“保证每个成员信息一致”的理想境界。

我们的E-room现在只是一个空空荡荡的空间，就好比是个毛坯房。要想把它变成项目组真正的家，我这个拉拉队长真的要发挥作用了。我首先建立了几个文件夹：其他地区经验、原材料、试验设计、会议记录、保质期跟踪、项目进展、项目报告。

每一个文件夹我都设置了权限。比如，在项目报告和项目进展中，只有我和马克有写和修改文件的权利。并不是怕别的，而是怕不小心文件被修改了，别人再看到的信息就有错误了。虽然我自己觉得文件夹已经写得很明确了，但是这就像我特别怕老妈收拾我的房间一样。我自己乱的话，没关系，我什么都找得到，可老妈一帮我收拾，就完蛋了，什么也找不到了。

你不妨试试

为了方便大家使用E-room，我做了一个readme（自述文件）的表格。在这个表格里，是按文件夹分类的，每个文件标明了内容说明、文件的作者、最后更新时间、针对的国家，并用“X”标注了谁需要关注它。比如你是负责工厂生产的，想要找到一些原材料的质控文件。首先在第一列的文件夹里找到“raw material（原材料）”一栏。这个文件夹里对应的都是和原材料相关的内容，再在第一行灰色区域（对应各个部门）找到“工厂生产”一栏，在这一栏里所有画“X”的内容都是和工厂生产相关的文件。这样就很容易通过简单的内容介绍找到相应的参考文件了。其他没有在你所在部门画“X”的，你都无需关心。文件名都加了超链接，一点文件名就可以直接打开相应的文件。这是一个非常简单的Excel表。为了维护它我的确花了一些时间，但我发现这个简单的表格起了很大的作用。开始大家总是发E-mail问我什么文件在什么地方，后来，他们就习惯了使用这个表格，用起来就得心应手了。

文件夹	文件名	内容介绍	提供者	最后更新日期	国家	产品研发	消费者调查	采购	进出口	工厂生产
learning	UShealthyoil.ppt	美国健康油项目最终报告	大卫	2004年7月1日	美国	x	x			
learning	Ukdesign.doc	英国健康油项目实验设计	卡特琳	2005年3月22日	英国	x				
learning	oilchange.ppt	墨西哥健康油项目最终报告	约翰	2005年4月10日	墨西哥	x				
raw material	Hspec.Doc	美国健康油标准	司考特	2004年1月20日	美国	x		x	x	x
raw material	Spec-H-AU.pdf	澳大利亚健康油标准	卡特琳	2006年10月20	亚太	x		x	x	x
raw material	Roilspec.pdf	泰国健康油标准	瓦丽	2007年2月20日	泰国	x		x	x	x
raw material	Pchina-spec.pdf	中国现用油标准	黄志	2002年4月15日	亚太	x		x		x
test design	protocol-Asia-HO.doc	总部实验标准	大卫	2006年12月10	亚太	x				
test design	Ganttchart.pdf	项目时间表	栗子	2007年1月10日	亚太	x				
test design	plantline.pdf	工厂线路改造图纸	小王	2007年3月20日	中国	x				x
test design	Qctest.doc	工厂测试时间表	小邱	2007年3月1日	中国	x				x
test design	budget.exl	测试预算	栗子	2007年2月15日	亚太	x				
customer test	test design-final.doc	亚太区消费者调查设计终稿	简妮	2007年1月30日	亚太	x	x			
customer test	paneldesign-calendar.doc	专家评估测试安排	轶敏	2007年1月20日	亚太	x	x			
customer test	testpreportweek0.ppt	第0周消费者调查测试报告	简妮	2007年8月15日	亚太	x	x			
customer test	testpreportweek4.ppt	第4周消费者调查测试报告	简妮	2007年9月16日	亚太	x	x			
customer test	testpreportweek8.ppt	第8周消费者调查测试报告	简妮	2007年10月15	亚太	x	x			

如果不是跨国项目，建议建立一个公共盘。在这个公共盘上，也可以添加类似的自述文件。这个文件可以根据你们项目的具体情况设计。关键是方便项目团队的其他人也能快速找到自己想要的文件，而不是大海里捞针。

就像这个简单的自述的Excel表格，我们生活和工作中有很多简单的办法可以把事情的思路整理得更清楚。相反地，复杂的事情往往看上去很精彩很理想，但不容易坚持和维护。我有一个同事买了一个大房子。为此，她专门买了很多的专业收纳工具，还买了几本书来学。开始，她非常得意地向我们宣传这些收纳法，但忽然有一天，告诉我们她护照找不到了，把所有的东西都翻出来了，护照还是没找到，被我们一通嘲笑：“让你收纳！”我干脆连损带挖苦地建议她把所有的东西贴上条形码，当然最好是安个芯片，建个数据库，再弄个时下流行的物联网，应该就丢不了了。奉劝一句广告词：“把复杂的事情搞简单了，贡献！”

为了充分体现我拉拉队长的号召力，我还专门为项目的纪念T恤衫在E-room里搞起了设计大赛。大家在E-room里投票决定设计和颜色。最终美国薯片专家的创意得到了最多的投票，他说他从小美术就不好，这对他是个太意外的惊喜。不过我们看中的是创意。这个创意经专业美化后，得到了一致的好评！当我们的项目顺利完成的时候，我们还把项目的T恤衫送给了热心帮助我们弄到E-room的美女和那个没见过面的副总裁。作为百事全球第一个使用E-room管理项目的项目组，我们是全球最棒的（因为没人跟我们比，哈哈）！我们的E-room的经验分享给了很多人。

3 高效会议的第一大原则：拒绝扯淡

电话会议可谓史上最可恶的高科技。打着能够降低出差频率、增强沟通的旗号，折腾死了无数的白领。如果让我选择沟通方式，首选肯定是面对面私下交流，会议次之，然后是一对一的电话，接着是电话会议，最不好用的是E-mail。因为交流里面，70%的信息来自非语言的部分，而其中表情又是最最重要的。

电话会议的效率真是比E-mail高不到哪儿去。可偏偏我们的项目是个跨国项目，不得不经常使用这根低效率的电话线。开始大家还琢磨着是不是用个视频啥的，后来，发现自己也没明星那么漂亮也没老板那派头，每次把视频接通就要费九牛二虎之力，一气之下，就打算只靠电话会议了。

经过两年的观摩和实习，我终于开始主持多头沟通的电话会议了。马克和维多利亚在这期间给了我很多的鼓励。哪怕我犯了很幼稚的错误，他们从来没骂过我。曾经维多利亚自己的一个小的调查项目，居然从马克那里点名来要我。跟着天上飞的牛人做项目，我在地上呼哧带喘地跑得相当辛苦，但过程中让我学到了很多牛人的思维方式。也正是因为那个项目，我在组里得名Ms.Google（谷歌小姐）。后来因为维多利亚半途升职去了美国，那个小项目不了了之了，我才松了口气。这其中，给我印象最深的是她对新人的宽容和鼓励，每次和高管们开会议的时候，她都鼓励我多发言，多记笔记。通过这样的魔鬼训练，我也渐渐摸索到了让会议更有成果的秘诀。

你不妨试试

不管是电话会议还是面对面开会，最重要的是：会前提出问题，分析风险，会上讨论方法，达成决议。问题一定要让大家会前就知道，把风险分析透，这样有时间充分思考，会上讨论的时候才能有的放矢，帮助最后达成决议。

作为组织者，要做下面几个功课：

1. 事先做好充分的会议准备工作，把议题交代清楚，给别人留好作业的同时，自己也要完成自己的作业。不打无准备的仗。作业要简单明了。可以适当准备一些模板，但一定不能太长。谁也不会有兴趣完成十几页的报告的。

2. 尽可能敦促在会上作决议，并将责任落实到个人，时间落实到点。

3. 会后进行跟踪。关键不在推动，而是在于协作。

这是高效会议的根本，我们的口号是“拒绝扯淡”。开会前必须有议程，分条写。哪怕非常简单的几句，也要让别人知道你要干什么。我最怕的是两种会议邀请：

1. 有邀请，没内容。

到会上，端杯热茶，往那儿一坐，光听不发言，当萝卜。因为凡是我没思考过的，都不敢乱说；戴希蕊组织的会常常是这样的会。她每次都是让秘书来发通知，而秘书能做的也就是看看大家的日历，找一个大家都有空的时间而已，至于会议的内容，能写个标题就不错了。所以每次她组织会，我都得去马克那儿再问一句：有作业吗？通常马克也无奈地摇摇脑袋。

2. 只有背景，没有议题。

很多人洋洋洒洒地写了很多会议的重要性，这些恰恰是不重要的。我更想知道这个会为什么我要去参加，是需要我提供想法，还是要给我布置任务。而且开会时间要严格控制，如果是一般的进度跟踪会，时间绝不超过三十分钟。如果你能保证每次效率都超高，你今后的会组织起来就会容易很多，否则，天长日久，别人一听你要开会，就先皱眉头。

一个会议议程包括以下几个要素：

1. 时间；
2. 地点；
3. 必须参加的人；
4. 欢迎参加的人；
5. 会议的标题；
6. 会议的议程（包括强调会前要做的工作）。

在类似健康油这样的复杂项目里，除了项目核心成员，每次的电话会议还会根据项目进度邀请其他相关人员参加。为了不让人家丈二和尚摸不着头脑，我之前都会和这些非核心人员先私下沟通，把背景和进度交代清楚，以免会上耽误其他人的时间。这就好比我们去少数民族地区看人家的节目，在歌舞表演的最后，演员会邀请台下的观众一起来跳舞。当人家来邀请的时候，要教你基本的动作，让你熟悉节奏。然后，你才能融入快乐的海洋。而不能上来就让你去跳节奏欢快但会夹脚的竹竿舞。所以，会议前与非核心成员的沟通非常重要。

举一个会议邀请的例子：

郑工，您好：

我们7月份就要去工厂做健康油的试验了（背景）。有一系列的人员和设备事项想和您确认一下（目的），所以我和小邱（人员）安排了这个电话会议。附件里是我列出的清单（议程和相关文件），您看看还有什么要补充的。我们还想听取一些您对于线路改造的建议（需要对方提前思考的问题）。

电话时间是：5月3日北京时间上午10：00-10：30（时间）

电话：+86-10-800-2345　会议ID：123456　密码：12345（电话号码或地点）

如果有什么其他的事项请随时与我联系。十分感谢您对我们项目的支持！（感谢支持）

栗子

这样一份完整的会议邀请就能让与会者拎着脑袋而不是拎着屁股来参加了。但光有议程还不行，会议记录更是跟踪项目的一大法宝。

4 会议记录是项目的航海日志

在我们运作健康油项目的时候，第二章里提到的会议记录模板开始大显身手了（见第37页），它是我们电话会议的会议记录模板，更是我们项目的航海日志。与一般的会议记录的唯一变化是，这里要求大家把每一项任务结束的结论都要抄送给我。这样我作为项目的组织核心，可以全面地掌握项目的进展，我也就成了一个轮形交流模式的中心。在这个模板里，马克作为项目经理，他只需要关注最前面两项：1.重要进展；2.亟待解决的问题。具体的行动都交给我们办了。

每一次电话会议结束的第二天，我会把下一次会议议程发给要求参会的人，告诉大家我们要讨论的话题，并在附件里附上上一次的会议记录。这个时候，会议记录里的行动几乎都是没有完成的，敦促大家把还需要完成的内容抓紧完成。所有没有完成的任务都是理论上两周之内可以完成的。如果所需时间多于两周，就再拆分成小项，以便于跟踪进展。这些小行动往往要比工作分解里的项目更细致。小骨头就好啃了，谁见了都不憷头。现在有个时髦的词叫“活在当下”，会议记录就是要把项目的远大目标变成一个个当下的行动。

在下一次开会的前一天，我对照着记录，打电话给还没有完成的同事，问他具体是出了什么状况，有什么我可以帮忙的。这样，在正式的会议里，我们按着序号逐项讨论，而不会跑题。我会首先汇报项目的进程，然后就没有完成的部分通报一下。这些通报是对事不对人的。大家集思广益看看怎么能帮助没有完成的人尽快完成，当然也希望对负责人是个鞭策。接下来，把下一步的工作提出来，大家一起讨论风险和实施计划，并安排好负责的人，写进新的会议记录。当产生分歧的时候，马克负责感情上协调，我负责时间上协调，黄志负责技术上协调，最终大家把决议记录下来，把行动落实下去。如此这般，一份份会议记录连起来，形成了项目的生命线。就是在这些眼皮底下就能完成的一点点小事，让项目像雪球一样滚起来，像车轮一样咿咿呀呀地前进着。

我发现一些公司开会时也有类似的会议记录，但跟踪的时候很难落实。分析起来有两个原因：

原因一，每一条写的不是小行动，而是大行动或者空目标，这样很难落实。

比如，如果为了举办婚礼开个家庭会议，你写会议记录，行动包括：1.接亲；2.仪式；3.婚宴；4.闹洞房。这恐怕真的得等入了洞房你才能说行动完成。而已经都入洞房了，前面的跟踪是没有意义的。所以，要把其中的每一项都化成非常细的行动。比如拿仪式举例子：2.1确定婚庆公司；2.2确定方案；2.3确定司仪；2.4确定摄像摄影……这样的小行动才是可执行可跟踪的。

原因二，光嘴上说，不坚持。

跟踪项目会议记录是一个持之以恒才能见到成效的事。开始的时候，总会有人不重视，不放在心上。如果看到大家不重视，你就头一个放弃的话，那么以后有没有这个形式就都无所谓了。凡事贵在坚持。管理学里有个词条叫“飞轮效应（Flywheel Effect）”。为了使静止的飞轮转动起来，一开始你必须使很大的力气，一圈一圈反复地推，每转一圈都很费力，但是每一圈的努力都不会白费，飞轮会转动得越来越快。达到某一临界点后，飞轮的重力和冲力会成为推动力的一部分。这时，你无需再费更大的力气，飞轮依旧会快速转动，而且不停地转动。用会议记录推动项目就是贵在行动和坚持。会议记录不起眼，却又很麻烦，即使你写了，也不一定会有人看，即使有人看了，也不一定照着做。但如果因为这个，就觉得它不重要了，那是你自己的损失。当初维多利亚用犀利的眼光逼着我练习写会议记录，是有她充分的考虑的。一个看似不起眼的会议记录，可以训练抓重点、分析问题、解决问题、时间管理、会议管理、统筹规划项目等诸多技能。在健康油这样的项目中，善用会议记录也帮助项目更顺畅地进行，避免很多不必要的反复讨论。同时，这些会议记录也帮我们管理了接下来横空出世的各种意想不到的麻烦。

5 制定预算讲究抓大放小

从前做项目只知道花钱，总觉得老板手里有用不完的银子。这回看上去有二十万美元的预算，但据老板说，可能还不够呢，于是让我给弄个预算出来。在做这个项目之前，我没见过预算表，更没做过预算表。反正每次花多少钱，都填个单子找秘书实报实销就是了。但真的当我做起预算来，我头就大了。当时在美国留学的时候，唯一没得A的课就是选修的会计。我觉得我压根儿对数字就不敏感，多个零、少个零都没概念。不当家不知柴米贵，大大小小的费用，从世界各地聚拢来：澳大利亚和泰国的油钱、中国的关税、在线测试的人工和原料的费用、差旅费。光是币种就有四种，还要全部折算成美元。大家寄过来的格式也是五花八门。很多费用都是估算。这一估算可好，有人悲观，有人乐观，还有人拍脑想。我只能一项一项地去核实。

对预算的每一项，我都要写明单价、数量、总价格，还有信息提供人。如果是确定的数目，我标成白色块；如果是估计的，误差在10%以内，标成灰色块；如果误差大于10%，或者是有待核实的数据，我标成浅红色块；同时总花费超过1万美元的就用红色块强调。

项目	单价（当地货币）	货币种类	汇率	单价（美元）	数量	单位	总费用（美元）	提供人	误差范围
H油	4500	澳元	1.3	3462	14	吨	48462	罗丝	确定
R油	110000	泰铢	40	2750	14	吨	38500	瓦丽	确定
P油	10000	人民币	7.1	1408	28	吨	39437	小邱	确定
土豆	3000	人民币	7.1	423	10	吨	4225	小邱	确定
泰国包装膜	100000	泰铢	40	2500	3	卷	7500	瓦丽	确定
中国包装膜	20000	人民币	7.1	2817	3	卷	8451	小邱	确定
盐	15	人民币	7.1	2	100	公斤	211	黄志	0.05
工厂生产	15000	人民币	7.1	2113	10	天	21127	小邱	确定
工厂办公	18000	人民币	7.1	2535	10	天	25352	小邱	确定
油进口报关	5000	人民币	7.1	704	3	项	2113	大卫	0.1
油泰国出口报关	50000	泰铢	40	1250	2	项	2500	猜送	0.1
产品出口报关	5000	人民币	7.1	704	3	项	2113	大卫	0.1
产品运输	500	人民币	7.1	70	4	趟	282	小邱	0.1
集装箱	1500	美元	1	1500	1.5	个	2250	栗子	0.1
海运	6000	人民币	7.1	845	1	次	845	栗子	0.25
泰国消费者调查	80000	泰铢	40	2000	3	次	6000	简妮	0.1
中国消费者调查	14000	人民币	7.1	1972	2	次	3944	简妮	0.1
理化指标	50	人民币	7.1	7	16	次	113	小邱	0.1
冷库费用	4000	人民币	7.1	563	9	月	5070	小邱	0.1
仓库费用	4000	人民币	7.1	563	9	月	5070	小邱	0.1
中国机票费用	2000	人民币	7.1	282	4	往返	1127	黄志	0.25
泰国机票费用	40000	泰铢	40	1000	3	往返	3000	栗子	0.25
酒店费用	600	人民币	7.1	85	50	人天	4225	栗子	0.1
租车费用	500	人民币	7.1	70	10	天	704	栗子	0.1
其他	1000	美元	1	1000	1		1000	栗子	0.5
总计							233620		

其中原本有一项“收入”被删除了。最开始，马克告诉过我，中国这边可以找一个走得比较快的渠道，把我们试验生产的薯片以买一送一促销装卖出去，这样就可以节省一大笔费用。我们敢拍着胸脯保证，试验生产的薯片质量绝对上乘。唯一的问题就是实际用的油和现在用的油不一样，不过应该尝不出区别。但就是这个尝不出区别的不同的油，让这个计划最终搁浅了。虽然扔掉这么多薯片从感情上觉得非常可惜，但比它更贵重的是品牌的价值。万一这上面出了任何差错，我们都承担不起责任。就像肯德鸡承诺三十分钟内未销售出去的食品要下架一样，这是一种对品牌的保护。

小八卦

但有的时候，保护品牌也要顾及消费者的感受。电视上曾经播过一个暗访节目：有居民反映家乐福把当天卖不出去的绿叶菜当着顾客的面用大砍刀通通毁掉，用垃圾车直接送垃圾站。家乐福的工作人员说：“我们看着也心疼，但这是公司的要求。”其实，从维护品牌的角度说，他们没做错什么。很多公司都是为了维护品牌，“浪费”了很多东西，这当然比为了挣钱而牺牲消费者利益的三鹿奶粉要强百倍，这也是这些国际知名品牌成为百年老字号的主要原因。但是，当着消费者，尤其是那些拎着菜篮子三毛五毛都要算算的五六十岁的大爷大妈，这样倒东西就成了糟蹋东西，作孽。明摆着就是刺激人家，好像在告诉顾客：“要么你买，要么我就扔。”这样做就有些过分了。毕竟大多数中国人，尤其上一代人，还是以勤俭节约为荣的。所以哪怕做正确的事情，也要采用正确的方法。

我打了几圈电话逐个核实了所有费用的信息以后，预算交给了老板，一共是23万美元。马克对我的要求是误差10%。在项目预算中，开始估算的范围可以是比较粗劣的，英文叫rough order of magnitude（ROM），这时的要求是-50%到+100%。而到了项目即将实施的阶段，这个范围就被缩小到-10%到+15%。马克的要求显然是符合实施前预算要求的。他看了一眼，说："超了一些。我申请的预算是18至20万美元。"他所说的预算是ROM的。我向他解释了我的标注系统，于是我们重新查看了一遍被红色块标出来的花销，也就是花费比较高的估算项。

我听说很多领导砍预算是按百分数砍的。反正你报上来，我就先砍上一刀。所以大家都养成了虚报的习惯，准备着让老板砍。这样老板下手再狠，也伤不到头皮。但实际上这是一种无谓的内耗。与其这样，不如像马克这样，要求把预算算得精准一些，然后再在这个基础上检查是不是可以削减。

小八卦

砍预算要从花费大的地方下手，而不要纠结于七零八碎的小项。这些小项哪怕价格翻番，恐怕也比不上大块头的1%。这不由得让我想起四年前的圣诞节，我照例给美国的导师打电话问候。每年这个时候，七十多岁的老人都会送我一句话作为圣诞礼物。那一年，我很不顺，一股脑地向他倾诉我人生的种种不幸。等我一把鼻涕一把眼泪地倾诉完，他告诉我："孩子，生活不是为了追求完美，而是为了我们心中的伟大的事！就好像一个加法算式，如果其中的一个数比其他的数高出几个数量级，那么其他的数字无论是正数，还是负数，都可以忽略不计。"这句话我记了很多年。预算是如此，人生更是如此。每当我遇到或大或小的沟沟坎坎时，我总努力把它放到更大的坐标系里去看，我会想：什么才是我心中的伟大！在我看来，伟大是一种品质，更是一种气质，一种实力，一种霸气，是你死后人们对你的思念。如果这些挫折没有影响到你所追求的伟大，那又何足挂齿呢？

6 亲兄弟要不要明算账？

当我和马克一行行地审视整个预算时，发现在这个项目中有一部分费用是值得商榷的。这一条是由于项目占用工厂生产时间而补偿给工厂的费用，里面很大一部分是工厂日常办公室工作人员的费用。如果把这部分去掉，费用就能控制在预算内了。我把这条指给老板看，并直言不讳地说：“凭什么工厂要我们那么多钱？都是给百事干活，装在谁兜里不一样呀。原料和设备钱是我们该付的，凭什么办公人员的费用也要付？我认为这部分费用不合理。”“先这样吧，我去抽支烟。”马克平静地说。他是办公室里最大的烟鬼。这是我认为他身上最大的缺点，简直比长得丑还不可救药。我从前总是劝他别吸烟了，有害健康，而他每次总是耍贫嘴地说：“老妈，我谢谢你！”直到有一次，他对我说：“其实很多不吸烟的人是被压力压死的。”我才知道，原来他吸烟是为了减压，整天笑呵呵的他原来背负着那么大的压力，从那以后我也就不再劝他了。也是这件小事告诉我，当我们拼命要反对一个人的做法的时候，恐怕很少知道对方真正的原因，也许这就是所谓的理解万岁。那天当马克听了预算，对我说去抽烟的时候，我就知道了，他想自己一个人想想，他压力很大。

后来，马克没有砍掉给工厂的那部分钱，而是向决策层申请了更多的预算，至于是不是艰难，我不知道，但我知道如果人家给了你这么多钱，你就一定要做出个样子，只许成功不许失败。我之后才理解，虽然对整个公司，的确是把钱从一个口袋放到了另一个口袋，但对每一个领导来说，他们手上的钱是要对不同的老板报账的。如果账面上的数字不好看，领导可不问你是不是因为支持了别人的项目，做了活雷锋。这个项目对我们研发部门是非常重要的，可对工厂来说，却纯属帮忙。如果我们连这点“小钱”都和人家斤斤计较的话，别人很难支持你这个额外的项目。这让我想起我在美国培训的时候马克嘱咐我的话：“培训你不是总部任何人的工作。一切靠自己！”当我们的需求是别人额外的负担的时候，以礼相待，以诚相待，懂得感恩是最好的办法。

这样跌跌撞撞地项目一点点推进了，万事开头难，我觉得我们这个头开得还不错呢，盘算着老天爷应该不会再折腾我了吧。哈哈，可惜我又高估自己的人品值了。

第六章

项目是细节堆起来的

一个好汉三个帮

1 事前就做诸葛亮

当项目范围确定、项目组成立、预算通过、电话会议和E-room制度都逐步完善以后，我长舒了一口气，觉得下面的事情应该简单了，按部就班地做就好啦。但我大错特错了，第一个打击就是来自与消费者调查组的碰头会。

“马克，我召集了一个和消费者调查组的碰头会，你参加不？”当大家都还在忙着算油的用量、协调工厂资源的时候，我告诉马克，我把消费者调查组叫进项目组了。消费者调查组的主要职责有两项：第一，与市场调查公司合作，找到足够多符合要求的消费者，让他们来给我们的样品打分。从结果里我们可以看出消费者对产品的喜爱程度，也可以看出样品与对照样之间的区别。第二，自己培养专业的品尝人员，他们可以相对准确地给出产品中某一个特征的分数。比如，如果米饭的硬度是1分，烙饼的硬度是5分，那么馒头的硬度是几分？他们给出的分数之间不会超过0.5。很多朋友都问我：“你们那儿有没有那种尝薯片的工作呀？”甚至还有人开玩笑说：“介绍我去吧！”但在我看来，这是世界上最摧残心灵的工作之一，因为它剥夺了作为人最大的乐趣：吃！如果每当你放进嘴里什么东西，都会下意识地先给个分数，那么你就忘了，很多的乐趣是来自感性而不是理性。或许这就是所谓的爱不需要理由吧。另外，我们在公司里品尝样品的时候，很多人手里都拿个纸杯子，嘴里嚼嚼就吐进杯子里，不往下咽的，否则，天天别吃饭光吃零食就饱了，我刚进公司就有人嘱咐我：“在这里工作，最大的挑战是保持体形！”

言归正传，消费者调查组对这个项目的意义在于，等我们从工厂里做完试验回来，他们需要帮我们作消费者调查和专业人员品尝测试，以确定保质期。

小八卦

一个食品的保质期有两层含义：1.产品安全，物理化学性质没有太多的变化，说白了就是吃不坏肚子。2.品质保证，保质期内的产品口味不会变化太大，这就需要消费者告诉我们，他们是不是能够吃出存储样品与新鲜样品之间的差别。父母一代还总是关注着头一条，觉得好端端的东西，看着又没坏，扔了多可惜。而作为一个大品牌，我们必须关注第二条。国内绝大多数厂家都是根据经验随便确定保质期的，很少有企业能够像我们这样认真地花时间花精力花这么多钱来完整地确定一个保质期。

马克对我这么早就要和消费者调查组开会还有些摸不着头脑，在所有人看来，样品的数量和消费者调查的方法在那份厚厚的测试要求里已经写明白了。只要我们把样品生产完，回来请消费者调查组帮我们作个测试就万事大吉了。他问我：“为什么这么早把他们组叫进来？”马克从来不会直接反对我的想法，总会来问背后的原因。其实我也没什么高级原因，只是放心不下，想确认一下，“我们只有确定了消费者调查方案，才能确定取样的频率呀。而且消费者调查的费用也占了预算里的一大笔。这两个数还没有百分之百确定，我心里不踏实。”没错，在我看来，从前欧美已经有了很多成功的例子，我们照样做就是了，我只是想确认没有问题。

当我和消费者调查组的经理一起开会的时候，我们才发现原以为轻松的算术问题竟然变成了一场历时N天的大讨论。马克后来对这件事感慨万分，要不是我们这么早积极主动去确认，项目十有八九要杯具了。

这位经理是个美国人，人那叫一个和气，就是有个毛病——打死不作决定。马克开始也把算样品这件事想得太简单，就派我一个人和她讨论。所有人都觉得测试方案只要敲定一下就可以了，就等我消息了。于是开会那天我大摇大摆地走进了会议室，打算一如既往地三十分钟结束战斗。但万万没想到里面的道道多了去了，我们当时都没有考虑到。究其原因，第一，亚洲的保质期比欧美长了几倍，人家最长是12周，我们是6~9个月，所以测试频率和次数就是个值得商讨的问题；第二，人家是一种新油，我们是两种新油，这样就需要更多的消费者来测试，这就意味着更多的预算；第三，人家美国做消费者调查，是在教堂或学校里，有组织的，只要一大包就同时分给很多消费者，而我们是在商场里，消费者是一个一个请进来的，所以只能用无数的小包。就是这些细节的变化，让测试量和取样量增长了十多倍，远远超出了我们的预算，甚至超过了生产能力。那天我走出办公室的时候像泄了气的皮球，很郁闷，但也很庆幸，多亏没有“跟着感觉走”。

这位和气的经理开出所有可能的测试方法后，建议我咨询一下美国那边的专家，但咨询下来的结果不但没有把问题简化，反而一下子冒出来了更多种方案。每种方案的优点和缺点都“罄竹难书”。对于消费者调查组来说，他们的任务就好像美国大夫，针对你的问题，跟你说了很多信息，给了你很多的解决方案，但每种都不完美，至于最后采用哪种方案，还得患者自己作决定。有人说这样对，因为患者为自己负责；而有些人说不对，如果这样还要医生干什么？先不管它对不对，现在我就面临了这样的抉择问题。这位经理在对比各种方法的时候，句法结构永远是：“A方法还是不错的，我们曾经用在××项目上，但是……其实B方法也不错，可它的问题是……不过如果A方法结果不好的话，不如……反正，看你们最后决定了。”总是云里雾里地绕了我三圈后，让我看着办。于是我傻了眼，抓瞎了。我为此狂补了一下消费者调查的专业知识，就好像久病成医的病人。公司平时总是强调，工作技能70%是从工作实践中学习的，只有30%是从专门的培训中学习的。以前马克也反复对我强调过，消费者调查对做快速消费的人是一个强有力的工具，但没逼到节骨眼上，总没有十足的动力。干了两年多，都还在吃美国培训时的老本，这次知道啥叫书到用时方恨少了。我就像打了鸡血一样，如饥似渴地通过各种方式来补课。我把他们提出的每一种方案都仔细地研究了一遍，尤其把适用的条件和从前这种方法的测试结果好好回顾了一遍。半个月下来，终于可以和这位和气的经理用专业术语交流了，可拍板定方案还得我们自己拿主意。

2 学会用他人的方式处理问题

我和马克了解到全部试验计划的利弊后，最终回到了三重约束（时间、成本、范围）的框架下讨论测试方案，开始大刀阔斧地取舍，自己给自己开药方了。我和马克首先从预算上考虑，消费者调查的总个数不能超过7个，每次人数不能超过180人，在一开始安排一个，然后两个国家分别在第12周和保质期结束的时候各安排一个，这样还有两个测试用于中间的机动安排，根据其他理化指标的变化进行分配。当我信心满满地把计划提交给泰国和中国审议批准的时候，首先在瓦丽这里碰了钉子。“栗子，不行！”这是她第一次对我这么说，而这只是个开始，之后这句“不行”是我在项目中听到的最多的一句话。“我们好不容易有机会做这样一次完整的测试，就要尽可能多地拿到数据。你现在规定不能超过6个，我们泰国只有3个。我们最开始要做一个，第8周要做一个，第12、16、20、24周都是关键点，各要做一个，一共就是6个。这里是泰国，天气热！我们必须密切跟踪。”我被瓦丽科学严谨的态度憋得一句话都说不出来了。我和她从前合作的项目都是她帮我做亚太区的项目，当然我说了算。这次是我们出钱帮他们做项目，一下子她的拧劲上来了，我还真有点不适应。她说得不是没有道理，但我们真没那么多钱满足她。泰国是个非常小心谨慎的民族，任何的差错都会让他们烦躁不安，手足无措。但这是文化，你无法改变，我从前会用“有中国特色的美国文化”教育和逼迫他们，比如教他们承担风险，教他们面对挑战，教他们勇攀高峰，希望塑造“勤劳勇敢”的泰国同事。但马克告诉我：“栗子，你那套在美国、在中国有用，在这里没用。听说过那句话吗？大多数人想要改造这个世界，但却罕有人想改造自己。你不可能改变一些根深蒂固的文化。人都不喜欢按别人的方法做事，而希望别人按自己的方式做事。你需要学会用他们的方式处理问题。”“他们的方式？”我自己心里嘀咕着，难道这样小心谨慎地摊个大摊子就是他们的方式？我一点儿都不理解。

小八卦

我得个机会就跟国内的朋友发牢骚，最后总会咬牙切齿地感慨一句“泰国人！”一个好哥们劝我：“栗子呀，你知道吗，并不是每个民族都是从小教育要勤劳勇敢的。我一个朋友被公司派到非洲开厂。这个工厂第一次发工资，发了一个月的，结果第二天，好家伙嘞，几乎没人来上班。大半个月过去了，这才慢慢地有人来上班。一打听，原来人家挣了钱就出去花钱了，等钱花光了，再来上班。这时我这个朋友才恍然大悟，原来这里的文化就是今朝有酒今朝醉呀，跟我们中国人自古就有储蓄的习惯不一样。他们不可能改变当地人的意识，只能想办法解决。于是，他改成每周发工资，但还是会有类似的问题，直到最后改成每天发工资，才解决了问题。”

听了老板的话，我明白了无论理解不理解，都只有劝说。虽说是劝说，我当时的态度并不太好。我拿出了已经超负荷的预算，指给瓦丽看，告诉她，经费真的很紧张，没有办法。她撇撇嘴，但还是保持了泰国人特有的微笑说：

“如果费劲得到了错误的答案，还不如不做！”我完全理解，但经费的问题已经没有什么商量的余地了。我只得又说，我们还有很多其他的数据作为支撑，这些都不受经费的限制，是我们试验室里自己测试的，比如专业人士的品尝和很多的理化数据都是强有力的支持保质期的数据。似乎这也没能安慰瓦丽紧张的神经。没办法，我摆事实讲道理已经无济于事了，只得找来马克。结果马克和我表达的意思是完全一样的，但经他一说，瓦丽居然无条件地认可了。

看到瓦丽心服口服的样子，我气不打一处来：“哼，就听老板的！我说什么你都不信！”后来才意识到，一来马克态度比我温和；二来这是人的本性。正如西奥迪尼的《影响力》一书中说的“权威”的力量，这是人自然的心理反应。为什么现在电视上冒出来这么多专家忽悠老百姓呢？就是利用了大家的这个心理。每次我看见老妈聚精会神地看电视上的专家胡说八道什么养生，总会凭借我在百事学的西方的营养学站出来纠正。老妈总是不屑地说：“你这么懂，你怎么不上去说呀？”一句话就给我噎回来了，谁让咱没那个专家的头衔呢。同样，在项目管理中，项目经理最常见的有五种权力：正式的权力（legitimate power）、奖励的权力（reward power）、批评的权力（coercive power）、专家的权力（expert power）、潜示权力（reference power）。马克可以使用他的正式权力和专家权力。但像我这个拉拉队长，唯一能仰仗的也只是潜示权力，说白了就是狐假虎威的权力，别说，这个东西有的时候还真见效。但请注意，这个狐假虎威的权力不能乱用，不能演变成仗势欺人、打小报告。

小八卦

我有一个好朋友，在公司里做技术支持，与她合作的销售，就坐在她对面，但是每次试验申请，都不直接跟她说，而是一封生硬的E-mail发给她，所有的试验都要求ASAP（as soon as possible，最快完成），还同时分别抄送给自己的和我这位朋友的老板。只要试验没有在销售期望的ASAP时间里完成，她就立刻跟老板们打这个朋友的小报告，说她工作态度有问题。朋友的老板是个老好人，总是过来问她到底怎么回事。一次两次的，这个朋友也就忍了，所谓“君子多让，小人多争”，但后来这个销售得寸进尺了，最后终于给她惹急了，干脆把这个销售刷公司信用卡给自己买东西的事给捅上去了。那个销售便被炒了鱿鱼。那个朋友事后告诉我：“其实我也不想捅她马蜂窝，这年头能有个工作不容易，所以看见她刷卡，我也就是睁一只眼闭一只眼，跟她划清界限就算了。但她这种‘占便宜没够，吃亏难受’的精神也不能用在我身上呀。本来她的客户就是我负责的客户里面最小的，我已经很照顾她了，给了她和大客户一样的支持，但她老不知足。最受不了的就是动不动就搬出老板吓唬人，找软柿子捏。兔子急了还咬人呢！人家都说会哭的孩子有奶吃，但老哭亲妈也会烦死的。她傻不傻呀，不说跟技术支持做朋友，还在这儿树敌，看她还闹不！”这个朋友越说越激动，语气里带着点解气。

我在想，这小报告和正确使用潜示权力的区别在哪里呢？也许在于交流的艺术吧。我们找老板进行协调是常有的事，但前提是：第一，私下已经沟通过了，问题不是情绪造成的，而是客观原因造成的。如果是情绪造成的，就好像小孩子打架了，非要护犊子的家长出面，请出老板只能坏事。第二，老板是一个双方都认可有人格魅力的人，如果他偏袒一方，而不能就事论事的话，这恐怕只能起到副作用。同时如果这个魅力不带点魄力和气势的话，也镇不住台面，弄不好就“癌变”成了部门之间的矛盾。那样可就剪不断，理还乱了。

另外就这个朋友的这件事，还想补充说几句。我在达拉斯第一天跟奇多组一起做项目，工程师就告诉我：“栗子，试验员是我们最好的朋友。他们很辛苦，我们不愿意干的、最苦最累的活都是他们干。我们要尊重他们的劳动。”的确，公司中很多部门是支持其他人或其他部门的，被支持的人应该把支持他们的同事当做最好的朋友，而不是奴隶。何况这个销售和我的朋友是同级，就更应该做一对好搭档了。

3 文化差异决定风险承受力

在马克的协调下，消费者调查测试的数目定下来了，方案也几经周折板上钉钉了。这些计划都不完美，却是我们在现有条件下能做到的最好的。接下来就是根据测试设计计算样品数了。瓦丽和小邱分头算所需要的样品，到我这里汇总，我自己也算了一份用于核对。中国这边的计算结果，我和小邱的相差不多，结果，瓦丽的信又吓了我一跳。泰国这边瓦丽的样品数居然是我算的两倍多。我仔细看着她的Excel表格，原来她一共留了三个缓冲量，分别是包装破损、运输破损和消费者调查的富余量，每样50%，这样算下来是1.5×1.5×1.5=3.375倍的理论用量，而我只是在总体用量上打了个50%的富余。我觉得这已经足够应付各项风险了。小邱也认为足够了。但瓦丽又一次告诉我：“栗子，不行！我们曾经做过产品进口，打开包装超过50%都碎了！”她开始跟我摆事实讲道理了。“但你这样大的样品量，一个集装箱根本放不进去呀。”我都已经把集装箱如何装箱规划好了。于是又是一番唇枪舌剑，但最后我执拗不过她，只好又安排了一个小集装箱，费用由泰国组承担。但这为以后打仗埋下了伏笔。

我还没喘口气，没几天，瓦丽又凭借她多年的薯片经验，给我用了个专家权力。她给我拉了一个单子，说明在工厂做试验的时候，我们要测的数据和频率。我对工厂生产也没有概念，只好一个电话打到工厂经验丰富的小邱那里。小邱一看我的清单，来了一句："天哪，疯了吧？""怎么了？""她的要求是平时生产的四倍！人家工厂根本没有能力来做！""那我们能做多少？""栗子，你要想清楚，这个试验是研发部的，而且是你们亚太区的。试验的好坏和人家工厂一点关系都没有，反而要给人家添很多麻烦。我在这里天天求爷爷告奶奶的，给咱们申请土豆、申请时间。凭着我和工厂这么好的关系，这些都已经很难办了。你再要求添加试验量，这事没法办了。你让马克出面找生产副总吧。"中国主管生产的副总裁和马克是老朋友老战友，十年前就一起并肩奋战在中国的第一条生产线的投产项目中。我以为马克能轻松搞定，但我忘了工作就是工作，人家有人家的考虑。前一阵，土豆减产，超市里都快断货了，盼星星盼月亮盼来的新土豆肯定要先保证生产，保证超市的库房里有货。所以，所有工厂第一优先安排的都是正常的生产。至于我们的项目，虽然当初早就已经答应了，但在这个节骨眼上，肯定要往后排。至于测试频率，副总要我们自己找品控协商。最后，黄志和小邱厚着脸皮帮我们争取到了比平时翻番的测试量。

至此，被瓦丽闹得精疲力竭的我，对所谓的文化差异有了深深的体会。在项目管理里，经常提到风险管理。但是，对风险的评估和处理风险的方法却与公司及个人的文化背景有关系。就好比我和瓦丽面对同样的薯片运输时破碎的风险、采取相同的增加样品量来规避风险的方法，但具体到数字，差别却是巨大的。我们俩并没有谁对谁错。这种差异在项目组中是难以避免的。我当时也说过类似"泰国人怎么这样"的话，但那些都是不能解决问题的气话。站在别人的角度想明白背后的原因，采用协商之后的妥协，是唯一的解决办法。

4 使你疲倦的，是鞋里的一粒沙子

似乎项目的框架被我们死死地控制住了，大家又一次团结到了项目的轨道上。但就是这最经典的原味薯片，又给了我一次深刻的教训。所谓的原味薯片，无非是往炸好的薯片上撒盐，简单得不能再简单了。但我忽视了一点：泰国的盐和中国的盐粗细不一样。同样的投放量，细盐要比粗盐尝上去咸很多。为了解决这个问题，我建议直接把泰国的盐进口到中国做试验就好了。但姜还是老的辣，经验丰富的黄志反应快，想到一个问题，让大家都傻眼了："盐不能进口到中国！在中国，自古以来盐就是政府控制的。"这句斩钉截铁的好像维护主权一样的"自古以来"，把大家全震住了，更是让马克和瓦丽觉得莫名其妙，我赶紧解释了一下。接着，我又脑筋急转弯，耍起小聪明："要不咱们报关的时候就说是调味料如何？"我真后悔当时怎么投票赞成做原味的薯片，这么看来，反倒是其他口味的调味料不会有这个进出口的问题。黄志一个反问句把我的方案给否了："万一被查到，谁负责？"这事谁也负不起责任。在外企，最重要的是和政府的关系，毕竟是在别人的地盘打天下，所以进出口、税收都要非常谨慎。看来没有别的办法，我们只能在中国去找和泰国的盐最接近的盐，然后泰国团队把样品分别做几种咸度，跟泰国现有产品进行对比，找到其中最接近的一个。最后瓦丽向组织汇报说："0.85%的合适。"瓦丽合适了，小邱哭了，中国工厂的投料器的投放量最低也是1%，再往下调，波动就会非常大，绿区很难控制。我只好反过来劝说瓦丽，告诉她0.15%的偏差简直比生产线上的正常波动还小，就改成1%吧。我一如既往地听到："栗子，不行！"

又是几番唇枪舌剑之后，我就差摔电话了，最后好容易才得到了瓦丽不情愿的妥协。我们后来都尝了，至少我和马克都吃不出撒了0.85%和1%盐的薯片的差别，只有瓦丽坚持说1%的咸了！我不禁感慨，劝瓦丽同意个事儿，简直比求婚还难。

整件事，虽然看上去是个非常小的细节，我们却要骚扰很多部门：求口味开发组帮我们联系各家盐的供应商，向盐供应商询问产品规格、价格、最小包装，向品控人员咨询绿区控制范围，让消费者调查组帮我们确认盐的投放量，和工厂确认设备参数，与采购人员确定采购合同，等等。我把这个部分单独地当做一个小项目来做，用完整的项目管理工具把步骤和人员安排到位，逐个督促完成。最后从问题的提出，到最后的拍板，仅仅用了两周的时间。对跨国跨部门的合作来说，这种效率高得惊人。它靠的是整个团队平时建立起的关系网。有这么多好哥们在，遇到问题的时候，才能做到一个好汉三个帮。被这样一件小事折腾得一身冷汗过后，我不由得感慨：使你疲倦的不是前面的高山，而是你鞋里的一粒沙子，何况沙子还不止这一粒。

5 一线工人也是大专家

一大早小邱的一个电话，又给我问傻眼了。“栗子呀，澳大利亚和泰国寄过来的油的油桶有没有配插板呀？”“啊？这个我可不知道。”按下一个葫芦又起了一个瓢，我从来就没想过这么细节的问题，或者说我压根就不知道这种事，还现到网上查“插板”这词英语怎么说。小邱一解释我才明白，原来工厂卸车的时候要用叉车，如果没有插板的话，叉车就没法工作。我赶紧找到两边负责供应商的经理，好在油还没有运出，紧急安排了插板，而且为此多了一小笔额外的费用。虽然钱不多，但我也当做教训，记下了。我也深深地体会到隔行如隔山。我们这些坐办公室的白领，天天臭美着自己的高学历高智商，以为天底下创新最重要，但很多时候小小的细节却可能导致项目失败。要不是工厂的人想起来提醒我们，估计到时候我们就要傻眼了。

小八卦

想起当年在一家化工厂毕业实习。那个化工厂设备陈旧，工艺落后，人员素质也不高。这怎么能让我们这些自以为会改变世界的清华大学的天之骄子们提起精神呢？倒是我们的到来，繁荣了整个小镇的第三产业。在厂里，我们每天中午都拿个可乐瓶子灌白开水喝。一日我发现我和室友的瓶子大小居然略有区别，就马上判定其中一人买了假货。正在我们研究得火热的时候，一个工人师傅凑过来，问我们在讨论什么。结果人家一句话点醒梦中人：“这就是开水烫抽抽了。”唉，几个清华大学的高分子专业的学生还没有人家一个初中毕业的工人想得对，惭愧呀。其实这样的傻事，聪明人都没少干过。对自己没有接触过的工作，应该虚心问问老同志注意事项。不想当然，不要小聪明，也许才是最好的风险管理。

在风险管理中，“听专家的话”是最核心的一条。也许工人师傅级别没我们高，读的书也没我们多，但他们每天积累的实际经验往往会点醒我们这样自以为是的人。少些想当然，多些为什么，是不阴沟翻船的保障。

6 实践比点子更重要

另外，黄志提醒我们，泰国的包装材料也和中国的不一样，需要在生产线上提前试车。我在美国培训的时候，负责包装的经理很形象地跟我形容各地包装的差别：美国的袋子双手一拉就开，中国的袋子你可以一屁股坐上去，而泰国的包装你甚至可以一脚踩上去。我当时将信将疑，但我后来真的做过测试，一点不假！正是因为包装膜上的差异，才保证了同样的薯片，在亚洲可以挺住更长的保质期（长保质期是超市进货的要求，其实这种要求并不完全合理）。尤其像泰国，这么热的天气，那里的包装膜是百事全球最厚的。由于膜的厚度和尺寸上的差异，我们又在担心中国的包装机是不是能上泰国的包装膜，包完会不会漏气呢（为了保持新鲜，包装袋里是充氮气的）？黄志请厂里帮我们从库房里翻箱倒柜找到了一个可以对应泰国包装尺寸的旧模具。瓦丽快递过去一卷膜。利用生产间隙的时间，经过两次试车，确认了没问题，我们才放心了。

把一切可能的危险扼杀在上线测试之前是我们的目标。这些听上去非常琐碎的东西真的是不怕做不到，就怕想不到。到这里，我不由得感慨这个项目远不像我说的：把油倒进去，把薯片放进去，再把薯片捞出来这么简单。我从前总是很崇拜那些所谓的“点子”公司，觉得灵感是最重要的东西，而这个项目彻底地改变了我的想法，原来把一个点子变成现实是这么复杂的过程，变为现实后维护好、发展好，最终成为百年品牌就更难。这印证了卡罗斯在我面试的时候说的：“把全球的薯片做成一样是最难、最重要的。”比如换油这个项目，连个创意的点子都算不上，却让我们付出了这么大的精力，就是因为有的时候没有变化、保持一致是最难的。

小八卦

听黄志说，卡罗斯还有个经典的故事。年轻的时候，一次他和朋友去意大利玩，喝咖啡的时候，卡罗斯感慨了一句："要是能把咖啡厅开成像麦当劳一样的标准连锁店多好。"不久，那个朋友辞职了，开了一家连锁的咖啡厅，叫做"星巴克"。我从前还觉得卡罗斯没去实践这个想法太可惜了。后来我才意识到，所谓的"金点子"可以一个晚上闷在被窝里想出很多，但每一个想法成为现实却要经历无数的坎坷。实践比点子更重要！

通过对这些细节的处理，我越发地体会到马克让我来做健康油女王的重要性了。他叮嘱我："栗子，项目都是细节堆起来的！"像盐分、插板、包装机这样的小事还必须有人管，如果都让马克来协调，真的会累死他的。安插了我这样一个拉拉队长，老板就可以有精力想想更宏观更重要的事了。虽然我被累得半死，还像乒乓球一样在两边游说，但赶上处理这些细节，我必须挑起大梁。马克看我天天小蜜蜂似的忙来忙去，告诉我有什么要他帮忙的告诉他。我忽然良心发现，懂起事来："放心吧，我能搞定，小菜！"是不是小菜，自己比谁都清楚，但能自力更生的事，就别惊动老板了。

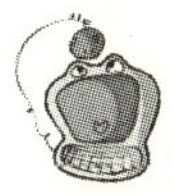

7 项目就是沟通、沟通、再沟通

随着试验计划、消费者调查设计、理化指标测试的逐个落实，我总算舒了口气。能争论的地方都已经唾沫横飞地争论得差不多了，接下来就是具体的细节安排了。包装袋、土豆、油、盐、纸箱每一项需要注意的问题，如何调度、如何存放，都必须认真考虑清楚。这么一个大摊子，就我们几个人在忙活，整天要和其他部门求爷爷告奶奶地合作，不可能没有矛盾，没有怨言，我时不时地要接受别人的唠叨。这时候，我只要放只耳朵听就可以了，让对方把心里的委屈都发泄出来。至于牢骚的内容，就左耳朵进右耳朵出吧，可千万别把人家一时的气话满世界去传。我从前一直以为我是个大嘴巴。我老跟人家说："我是大嘴巴，有保密的事别告诉我！我可憋不住。"后来，我的朋友知道，其实我嘴巴最严了。我从不在办公室八卦，也不背后说任何人的坏话。一次饮料组的一个小姑娘和我一起出差，她问我我们组的人怎么样？我就挨着个地把大家的优点都说了一遍。她感慨道："你们组人真好呀！你就没有不喜欢的人吗？"我呵呵笑笑，没吭声。其实我有，但我没必要在别的组人面前说她的坏话。一个人听了别人对另一个人的评价，自然会有偏见，这是人的本性，而这种偏见往往需要很长时间的亲密接触才能纠正过来。我最恨的就是那种新老板刚上任，就去新老板那里嚼别人舌头的人。请相信群众的眼睛。

别人在我这儿发牢骚，我就去找马克发牢骚（至于他去找谁，我还真不知道。估计抽支烟了事吧）。我问马克："当初是谁出的馊主意，非要把测试都安排在中国做？钱是省了，麻烦可真多了好多倍。一牵扯到进出口，我头就几个大。"没错，就"跨国"这俩字闹的，为了进出口，我们所有的包装袋和纸箱都要提前去泰国和中国的海关进出口部门注册。为此，又是一大堆万分细致的案头工作，就连包装纸箱上能写什么不能写什么都是翻来覆去几遍才定的稿。这对我这样热衷所谓天马行空搞创意的人是最大的折磨。我就像一只没头苍蝇，到处找"有关部门"碰钉子，翻来覆去地修改文件。尽管每次我都很客气，"谢谢"不绝于耳，但我坚信负责进出口的同事一定被我折磨死了。马克也体会到了由此带来的一系列的麻烦。他不好意思地说："就是我和布莱德当初头脑一热做的决定，现在后悔也来不及了。不过说老实话，泰国的生产线太大了，我们费用承担不起。就是辛苦你了！”原来头儿们没钱，勒紧裤腰带干革命，才逼着我推磨呀。布莱德退休可退得真是时候，可以看着我们几个瞎忙活了。既然是马克的主意，我也就忍了，谁叫咱当初内疚来着。这一点，我不得不佩服马克的“人格魅力”。其实这四个字是小邱第一个说的，但是我感触最深的。这么大压力的项目，我们项目组从来没叫过苦，大家都是能多做一点就多做一点。我们所有的讨论都是劝说对方项目如何瘦身，而从来没有督促过哪个人要更积极主动地工作。其中一条重要的原因就是：这是马克的项目，我们要挺他！不知道从哪天起，马克多了一个外号：老大。而我们对他的忠诚和崇拜却只会比黑社会老大更高。正如沃伦·班尼斯（Warren Bennis）所说，领导力就像美，它难以定义，但当你看到时，你就知道。

我这次深深地体会到了，项目经理85%的时间是花在沟通上的。尤其是这种跨国项目，“虚拟团队”，沟通是最大的障碍。杰克·韦尔奇说了，管理就是沟通、沟通、再沟通。其实我已经是天时地利人和了，我人在曼谷可以和泰国团队及时沟通；身为中国人，可以和中国团队母语电话沟通；在总部有人脉，一个电话过去别人都很积极配合；又有马克撑腰，拿到信息相对容易。我周围项目组的人都是精兵强将，对我这么个小虾米，他们从来没向马克打过我的小报告。分歧归分歧，但大家非常团结，目标非常一致。但我还是觉得有《口技》中形容的“虽人有百手，手有百指，不能指其一端”的感觉，巴不得自己有分身术，来个千手观音。那个时候不是觉得时间不够用，而是觉得脑子不够用，生怕哪个细节又没照顾到，出了岔子。好在一份份的项目记录非常清楚，当我忘了的时候，就回去查一查。真是感慨人脑比不上电脑记性好。

8 看咱这开会的效率！

经过前面艰苦卓绝的努力，我终于又盼到了回国的机会。这一次，我们将和工厂的厂长、生产经理和工程师们敲定试验的实施方案。

在位于上海人民广场的百事中国总部的会议室里，我第一次见到了上海工厂的人。在马克做了一个简短的开场白后，我们把他拒之门外，告诉他我们要用中文开会，这是世界上效率最高的语言。之前小邱和黄志已经和工厂做了很多沟通工作，会议进行得非常顺利。果不其然，原定三小时的会，我们不到两小时就结束了。打开会议室大门，居然把马克吓了一跳，感慨道："中文真不得了呀。"我得意地回答道："那是当然，我什么时候骗过你？"

其实主要功劳不是中文，而是我们之前的准备工作做得非常充分。我和小邱之前就发了一个清单给厂方，把所有我们需要的设备、原料、检测、人员，包括付款方式都列得清清楚楚。我们会上只是把清单过一遍，没有问题就确认，有问题的就解决问题。

开会就是为了决议，有效的会议就是能做出有效的决策的会议。在一个公司里，我们把这么多人凑到一起开会，先不说每个人的工资加起来多少钱，就说大家放下手头的工作来开这个会，首先就是一个机会成本。如果无效的会开多了，别人看见你发的邀请就会头疼。为了保证一个有效的会议，首先，要明确会议的目的，不单组织会议的人明白，参加会议的人也要明白。比明白更重要的是认同。达到这种认同并不是件容易的事。靠的是人品而不是乌纱帽！然后就是要请对人。该来的一个不少，不该来的一个都不要。比如，马克是必须来的。我们需要他坐镇，以显示对工厂方面的尊重和我们对项目的重视。但我们讨论具体问题的时候又必须把他踢出去，因为我们要用母语更好更准确地表达信息。接着要做好功课：我们需要带来什么信息，厂方需要带来什么信息。这些不能到会上现找。

厂长是个非常聪明的家伙。他知道他的领导看重的是超市里不断货，而我们这里的试验也是今年的重点项目。最好谁都不得罪。他告诉手下人："人家研发部这么重要的项目，选我们工厂来做试验，是给我们面子，我们不能丢人。"所以我们就成了他们的"面子工程"。工程部经理在桌子上铺展开工厂的平面图，让我们看需要做的改造，并拍着胸脯保证没问题。原料上，我们争取到了最好的土豆。最大的问题在于质量部的检测频率。虽然我们要求的试验量已经从瓦丽版本的四倍减小了一半，但还是平时生产的两倍，质控部同时还要支持正常的生产，所以缺人手。这显然是个"瓶颈"，我们决定通过添加人手来解决问题。就我们的项目要求的测试来说，有些只是基本操作，还有的需要熟练操作。人在接触新鲜事物的时候总有一个逐渐熟悉的过程，这个过程常常被描述为学习曲线（Learning curve），在最开始，因为新的信息量非常大，所以学习进展会慢，到后面就会逐渐加快。这也就是所谓的万事开头难。因为距离我们的测试时间已经不远了，看来唯一的方法就只有雇两个临时工了。为了避免风险，我们决定让从前的熟练工做复杂的测试，让招来的临时工做简单的测试。

最后我们请求厂方帮我们培训一下工人。小邱准备了厚厚的一沓儿操作注意事项，连先开哪个阀门，再开哪个阀门，都写得一清二楚。小邱嘱咐厂长："最重要的不仅是操作流程，还有安全防范。"因为我们用的油和平时不同，废油罐要单独处理，最担心遗洒和烫伤，为此我们特别批了一笔购买劳保用品的钱。

小八卦

我在美国上学的时候，一天早上刚刚到系馆，就听见刺耳的火警警报器的咆哮声，老师和同学纷纷慢条斯理地走出来了。这个楼是新落成的，大家都以为又是在试验警报器，觉得又是“狼来了”。结果，刚刚走出大楼，就看见四辆救火车呼啸而来，接着，天空中“嘟嘟嘟嘟”地盘旋着各家电视台的直升飞机。看来真出事了！消防员各个全副武装，但他们却和我们一样站在楼外面。一打听才知道，是化学药品泄漏。这种情况消防员也不会往里冲。等了一个多小时，几个消防员进楼了，再过了一会儿确认了没问题，我们就都进去了，没看到什么问题。后来听一个同学说，是他们组假期招的一个实习生惹的祸。这家伙平时就三天打鱼两天晒网，那天是他实习的最后一天，忽然良心发现想起来要做个试验，要用氯化氢气体（遇水就是盐酸），结果气罐的阀门打开了，却不知道怎么关，一下子气体弥漫开，变成了酸雾。他赶紧随手打破了火警报警器的玻璃，仓皇而逃。最后，他导师新买的一个试验室的精密仪器都被盐酸腐蚀了。当天的电视新闻里说：“美东南最大的科研大楼今日发生化学药品泄漏事件。”可见上岗培训是多么的重要。

看着厂里这么配合，我们的要求一样样都落实了，我和小邱一脸的轻松和得意，冲着惊讶中的马克傻笑。小邱告诉我，我们能得到这样大的支持，是她和黄志平时一点点跟厂里建立关系换来的。我能体会到，这绝不是一天两天的工夫。这事到后面我有了更深刻的理解。

第七章

项目倒计时

黎明前的黑暗

1 工厂里别玩白领那套

当我再次来到上海的时候，还有一周我们的试验就要开始了。我和小邱作为先遣部队，落实所有试验前的准备工作。我俩先跑到位于淞江的工厂，给工人最后落实一下测试安排。工厂的会议室里坐满了人，都是二十来岁的小伙子。每个人手里攥了一份小邱写的试验流程。看来他们已经提前组织集体学习过了。小邱跟我打了个招呼，好像去找个人，先出去了一趟。我就越俎代庖地做了个开场白："大家好，我是亚太区研发部的栗子。我们今天是请各位师傅来落实一下下周开始的健康油测试的安排。在座的各位能不能给我做个自我介绍呢？"我知道我这几句温柔的话压根就没有镇住这些大小伙子。他们眼里充满了不屑，脑袋要么耷拉着，要么后仰靠着墙，就没一个坐正了好好听我说话的。但我还要端着咱的范儿，以标准的演讲手势指向坐在门口几乎要坐出去的两个人说，"能从您这里开始吗？"于是从这两位开始，工人们有一搭没一搭地作起了自我介绍。刚介绍了三位，小邱风风火火地回来了，打断了我们。原来她去找了生产经理，他也坐了进来。小邱没管理我什么自我介绍，直接进入主题："A班的都是哪几位？班长和副班长都是谁？谁负责哪一段？"我被她机关枪似的语速和语气吓了一跳。虽然她平时也是那种雷厉风行的作风，但这么说话我还是头一次听见。工人们都老老实实地报上大名。我不吭声了，坐在一旁看。小邱挨个工段地考试，问他们要点都记住了没有，尤其是安全防范方面的要点，并询问大家还有哪些问题。别看小邱比我矮一头，她铿锵有力的几句话居然一下子把这些工人全镇住了。他们个个不敢怠慢，认真地回答起了问题。

我这才意识到，工厂和写字楼里的氛围不一样。美国心理学家道格拉斯·麦格雷戈（Douglas McGregor）1960年在其所著的《企业中人的方面》一书中提出了著名的X-Y理论。这是一对基于两种完全相反假设的理论，X理论认为人们有消极的工作原动力，而Y理论则认为人们有积极的工作原动力。我从前的工作环境都是符合Y理论的，大家都是不用扬鞭自奋蹄的。而对于X理论的环境我还真缺乏了解。我想起当年在达拉斯培训的时候，圣诞节假期的前两天，我和奇多组去试验工厂做试验。那天很不巧，下起了中雪。一个同事正嘱咐我："栗子，回去开车小心点，达拉斯的雪和别的地方不一样，看着是薄薄的一层雪，但下面是一层薄冰，很危险。"另一个工程师沮丧地跑过来说："唉，收工吧，工人把乐事的调味料撒到我们的奇多样品上了，全白费了。""啊，怎么会出这种事？"我觉得一定是负责试验的工程师没有把工作做到家。但其实仔细想想是因为我们选的试验日期不好，这一天本来就因为临近假期，工人就有些心不在焉，再加上外面下雪，他们更是归心似箭。虽然没有证据，但我们觉得这很有可能是工人故意做错，想办法提前下班。在工厂环境里，大多数工人都是当一天和尚撞一天钟，属于X理论。我们并不排除里面有"李素丽"似的积极主动的好同志，但从普遍意义上讲，他们的工资、工作、环境、教育程度都没能激发他们的潜能，让他们Y理论起来。这是一个现实。所以小邱在这方面把握得比我准，她这样厉害地说话，就是为了镇得住人，把生产经理叫来坐镇，他就像一根定海神针，震慑着工人。

"班长要负起责任，手机号统统留下。"小邱挨个记录。我们一共做十天试验，每天都是三班倒，中间还要安排生产线的清洗，清洗的标准也高于平时的生产。排班一排下来，发现我们最后一班的班长居然叫"魏成功"。我当时马上说："能让他换个班吗？别我们辛辛苦苦做了十天，末了儿，未成功！"小邱说："你看，你老这么悲观，你就不会想成'为成功'吗？"就这样，这个班长留了下来。即使是我这样一个坚定的无神论者，当面对一锤子买卖的时候，也总会有些迷信。呵呵，见笑见笑，就当是个插曲吧。

进入倒计时：今天是6月28日，星期四，距健康油在线试验还有六天。

小八卦

其实这个X-Y理论不是绝对的，很多时候我们不能说工人就一定要用X理论来管理。我的美国爸爸从前家里是开纺织厂的，后来因为美国的劳动力价格太高，他们的产品竞争不过当时从日本进口的产品，纺织厂被迫关门了。当时他负责去和工人们解释情况，告诉他们机器明天就要被拉走卖掉。他告诉我：“我一辈子忘不了其中一个工人跟我说的话，他让我知道如果有机会重来，我从前很多管理方面的事可以做得更好。那个工人是个黑人，眼里含泪地问我：‘你要把我的机器卖到哪儿去？’‘我的机器’？连我自己都没有想过那是‘我的机器’，一个普通的黑人工人居然对我说‘我的机器！’我走到他身边，陪着他一起把机器擦得干干净净。”

2 百密仍有一疏

第二天，离测试开始日期还有五天，我和小邱去工厂的库房里清点已经到的原材料。现在只有澳大利亚寄过来的油还在外高桥的港口，等待报关。其他的都已经到了库房里。泰国的包装膜，为泰国单独准备的盐、纸箱，都安安静静地老实睡在那里，我们俩有一种士兵临阵前的兴奋。泰国寄来的油正在检测，目前结果来看都符合要求。于是小邱去最后签字，从厂里直接调土豆、中国的盐和包装膜。“哎呀！”小邱笔还没抬起来，就大叫一声，吓了我一跳，“我忘了，从这周起，我们的包装上有一个和××网站联合促销的标志。”“是吗？给我弄两张优惠券！”我还臭美呢。“想什么呢？完蛋了！我们出口注册的包装是没有促销标志的！”小邱这么一说，我立马老实了。我知道中国和泰国的海关在这方面都非常严格。万一被查到，最轻也是个罚款放行。像百事这样的大外企，根本不敢在海关问题上存任何的侥幸心理。

小八卦

当时财务给我们做培训的时候，讲了这么一个故事：曾经泰国市场部的一个同事带了一张广告公司做的广告片母碟回国，没有报关。按泰国的法律，这需要上缴整个广告制作费用30%的关税，而不是刻录CD的钱，这在现在的社会非常可笑，换句话说，如果不是光盘，而是存在电脑硬盘里就一点问题都没有。最后，为了这一张光盘，罚款了上百万泰铢。从那时开始，我们就禁止随便带类似的资料穿越国境。财务部的人嘱咐我们，如果财务出了问题，他们是要坐牢的。听到这儿，马克开了句玩笑：“那样的话，我们会去监狱看你们的！”搞得财务部的人哭笑不得。

我们有几箱中国样品是要送到曼谷的亚太总部作测试的。原本都注册好了，但谁想到冒出这么个促销活动。小邱赶紧问上海工厂还有没有没有促销标志的膜。回答很令人沮丧。然后赶紧一个电话打到北京工厂。对方答应找找看。我俩祈祷……等待……想办法……抓狂，两个最没耐心的人在这里煎熬。电话铃响的时候，我俩却都不敢接电话了，怕是一盆冷水浇过来。小邱一面嘴里念叨着“阿弥陀佛”，一面小声说了句：“咋样？”看着她开心地笑了，我才一屁股坐回椅子上。我们运气不错，他们在库房的一个角落里居然找到了剩余的唯一一卷。由于中国这边要出口的样品不多，一卷足够了，紧急从北京快递到上海。可是已经是星期五下午了，快递都走了，工厂又位于大兴郊区，南六环外了。我们只好请正在北京的黄志把这一卷带到城里，第二天从邮局EMS过来，试验又躲过一劫。

我和小邱刚落实了包装膜，觉得自己好幸运，这是我们的救命稻草。这件事教育了凡事都容易上火的我和小邱，遇到紧急情况不要慌，不要责备任何人，集中精力想办法解决问题是最关键的。但还没等我们坐下来喘口气，总结一下这么重要的收获，新的更大的问题又接踵而来。

3 半路杀出个出口税

所有的原料里就剩澳大利亚的油了，按照正常的报关时间，肯定周五就能完成，最晚周六就能到港。可是，这一天，是6月30日，6月的最后一天，离测试时间还有四天。这不是一个平常的6月30日。据新华社报道：“从今年的7月1日起将调整2831项商品的出口退税率，其中服装、塑料等2268项易引起贸易摩擦的商品，出口退税率都将被调低。”这本来是一条和我们八竿子打不着的新闻，但是这个时间点却成为最最关键的问题。很多企业，为了搭上高额退税的末班车，额外雇了很多卡车，将产品源源不断地运往外高桥出口，堂堂的外高桥居然都招架不住了。又据新华社报道：从建港以来就没见过这种架势，去往外高桥的卡车竟然绵延了几公里长，把道路堵了个水泄不通。同时，所有港口内的货物被无奈地堵在里面根本出不来，包括我们从澳大利亚进口的油。

公司负责报关的人把情况跟我和小邱说了一下，我俩当时就急了。眼瞅着等油下锅，而明明到了上海，却出不来，这可怎么办？已经是周五下午了，周二我们就要按计划开工了，看来只有祈祷周末能出来。急性子的小邱和我觉得干等着也不是办法，就要来了报关公司的电话，打电话催促。可是电话的另一边慢条斯理地告诉我们："你们急也没有用，现在的情况就是这样，又不是你们一家。"虽然他们说的都是事实，但他们显然没有体现出对我和小邱的"感同身受"。

在那个周末，我和小邱这两只热锅上的蚂蚁，守着两部手机，两部座机，骚扰了所有我们能骚扰的人，想了所有我们能想的办法，说了我们所有该说和不该说的话，最后还是一样的结果：干等！

"小邱，我们必须有B计划。"事到如此，项目管理所有的风险分析和控制的方法里只剩了最后一条：面对！虽然是面对，也要积极地面对。我们分析了一下现在的时间。现在出口退税已经调整完毕，堵在门口的大卡车只会慢慢散去，所以最迟周二应该能报关完毕，周三能送到工厂，周四检验完毕。我们可以把两种健康油的测试顺序对调，实在不行，就把它安排到最后面。其实这个顺序我们当时也是有考虑的。澳大利亚的这种油其他地区试验过，风险相对小，而泰国那种油我们是第一个吃螃蟹的，风险相对大，所以我们当时考虑把风险小的排在前面了。但对调总比等油下锅好，所以，我和小邱这样制订好了B计划。

我们俩对这个问题达成一致很容易，但从决议到落实要一层一层地传达。在传达过程中信息会走样，可能会造成误解。为了避免误解，我们决定直到确定要改变计划了，才通知厂方。为此还制定了万无一失的通知和监督的方案。

正在这个时候，电话铃响了，是报关的公司打来的电话："喂，是李小姐吧，我们正在办你们的油的清关手续，可是油的报关材料上没写生产日期呀！”“啊？还会出这种事？”我这次真是干瞪眼，谁也没想到这个公司这么不靠谱。这个时候着急骂人都没有用，我赶紧问：“那好，你告诉我，我们需要做什么。”“你们需要让油的生产厂家提供生产合格放行的记录，而且这里要求是原件！”“原件？这来不及啦，我们上百万元人民币的项目就等这油呢，晚到了就都完蛋了。您帮我们问问能不能先发个传真件，随后原件快递寄到。”我收起了昨天还对人家的急赤白脸，都差点说“求求你们了”。我赶紧拨通了采购经理的电话：“不好意思周末打扰你，但我这里有急事……请把澳大利亚油公司的销售经理手机号电话给我。”我都忘了时差的事，一个电话打到了澳大利亚。拨了很多遍都没拨通，最后在我和电话都要一起崩溃之前，那个销售接了电话。结果没想到，他居然人在上海，正在外面欣赏我们祖国的大好河山呢！听了我机关枪似的叙述，他说：“这是周末呀，我什么都干不了呀！再急也要等周一呀！”我脑子里浮现着他一边打电话、一边耸肩的样子，气不打一处来，于是逼迫他帮我们尽快解决问题：“史密斯先生，这个错误是你们犯的，这不单是一个时间问题。我们的试验已经定好了时间，周二就要开始，如果油到不了，试验做不了，那可就不是简单的油的余款问题了。请您务必周末把这个事情解决，否则我们恐怕很难支付余款。”这年头，在哪儿都一样，欠钱的有理！我满腔的义正词严，声音不大，但铿锵有力。对方这位史密斯先生还在找借口，被我二话不说地堵死：周末必须解决！接着我又赶紧细声细气地给报关的人打了个电话，告诉他澳大利亚那边是周末，找到人很困难，是不是能跟海关说，先放行一半，剩下的材料来了再放行。这是我自己的小九九。我们在买油的时候，留出了预备中间停电需要重新开始的油，所以，订货的量是试验顺利进行需要的两倍。如果能放出一半来，也够我们用了。海关为了减少库存，也往往会同意这样做。他们经常会要求，先出关放行，但不许使用，直到所有手续齐全为止。这种事我之前干过几次。这次海关的人看来是被进港的卡车弄得焦头烂额了，居然同意我们先全部出港。条件是我们只能开启其中的一桶做进厂相关的质检，而其他的桶的封条是批准之前不能动的。“没问题！”这已经是我们能争取到的最好的结果了，当然是欣然接受。只要油到了库房，剩下的事就好办了。

周六夜里，拉着油的大卡车就到了工厂的仓库。而澳大利亚那边也在我们的逼迫下传真过来了出厂检验报告。到了周三，得到海关通知，我们可以开箱用油了，正好赶上试验计划。

4 成功的项目背后是成功的后勤保障

随着澳大利亚的油到厂，大部队都到了上海。周日傍晚，项目组的五个核心成员终于第一次面对面地聚到了一起。我们颇有些长征会师的味道。在这之前，我们通过无数的电话，发过无数的E-mail，更为一些分歧吵得脸红脖子粗过。但当大家看到项目一步步进展到今天的时候，好像往事如烟。我们此行唯一的目的就是把这次试验圆满完成。

为了方便值夜班，我们住到了松江的酒店，离工厂，开车只要十分钟。这是位于松江核心地带的一个全新的五星级标准的酒店。所谓的五星级标准，和真正的五星级国际商务酒店的主要区别在于软件和硬件的国际化程度。其实这个酒店光看装修的话，比起人民广场的万豪和艾美都要好，但说到软件，还是招待所的做派。

最大的问题是没有卫星电视，几乎看不了英文台，而且床也比国际连锁的酒店要硬。这对马克和瓦丽这些外国人来说是很大的痛苦。我特意找到前台，首先在他们俩的床上多铺了一床被子，又特意为他们安排了凑合能看英文台的两个房间，但每一个房间只有一个频道能看，我把能看ESPN（娱乐与体育节目频道）的安排给了马克，把能看HBO（家庭影院频道）的安排给了瓦丽。我自己有看不完的中文频道，开心得要死。和国际连锁的五星酒店的另外一个巨大的区别是，他们“努力”把我们的房间都安排到了一起，而且居然还允许马克在无烟房里抽烟。这让我想起每次住如家，晚上都会听见一帮人聚在一个屋里很兴奋地打扑克，早上又有人啼里嗒啦地穿着拖鞋挨着屋“砰砰砰”地敲门叫人起床。通常国际酒店会尽可能把同一公司的人分散开，以保证个人隐私。但在这个酒店，我们的五间房居然门对门，墙挨墙。即使是这样，我们也没串过门。商量事或者聊天，哪怕是讲鬼故事，也都是在楼下的咖啡厅。

小八卦

前两天为了学习如何写书，我读了一本畅销职场小说。虽然作者号称是在500强的外企工作，也写的是500强的外企，但一个细节就彻底地雷住了我：他们在酒店开会，居然老板、职员男男女女凑在同一个酒店的房间里，坐在床上开会。这在我是超乎想象的。别说是在外企公司，就是我们当时在美国学校做助教，都规定如果办公室没有窗户，门上也没有玻璃的话，禁止异性之间一对一关门说话。所以你会发现这么一个现象，在外企，会议室和老板的办公室大多是玻璃墙的，而不是像酒店那种非常密闭的空间。

项目组的第一次集体腐败行动是在酒店的日本餐厅。我们坐在户外的桌子上，那是上海的夏天里难得的凉爽天气。黄志趁着马克出去抽烟的时候，说起了十年前和马克一起奋战第一条乐事生产线开工项目的故事。“那时候天津泰达开发区的条件还很艰苦，连个正经的好酒店都没有。我们住的酒店，床超级硬，马克睡得后背疼。后来美国总部来的一个专家，是个高高壮壮的黑人，告诉马克一个好办法：在床上跳！把床跳软！”听到这儿，我差点一口绿茶笑喷出去。赶紧捂着嘴，努力装做淑女状，原来这是马克最怕中国酒店床硬的根源呀。又说另一日，为了改善生活，马克去吃当时国内还不多的日本菜，结果吃生鱼片吃坏了肚子。大家正听得津津有味的时候，马克回来了：“要个生鱼片拼盘，我的最爱！”他话音未落，大家都哈哈笑了起来。

马克和其他大老板区别最大的地方就是他真的跑一线，他一直告诉我：“作为研发的人，能下工厂是基本素质之一。”就比如这种试验，他完全可以不来，不陪着我们值夜班，但他毫无怨言地主动来了。这连小邱都看不下去了，对我说：“你们老大真不容易！”

5 把细节安排到傻瓜也能做好的份上

第二天，我们在工厂的会议室里召开了试验启动大会，由我主持。我打开了事先准备好的PPT《Live free or die hard（轻松地活，或努力地死）》，这个题目让我觉得有些悲壮。可不是嘛，项目组这半年来的辛苦工作都只为明天开始的这个测试，是死是活都得面对了。

PPT的会议日程里可以看到，我们的会一共分三个部分，第一部分是安全教育，第二部分是试验安排，第三部分是应急预案。这里面每一部分都关乎着项目的成败。

❶

我们这个项目就照了两张照片，本来是表示“前/后”的，结果被我用这儿了。

❷

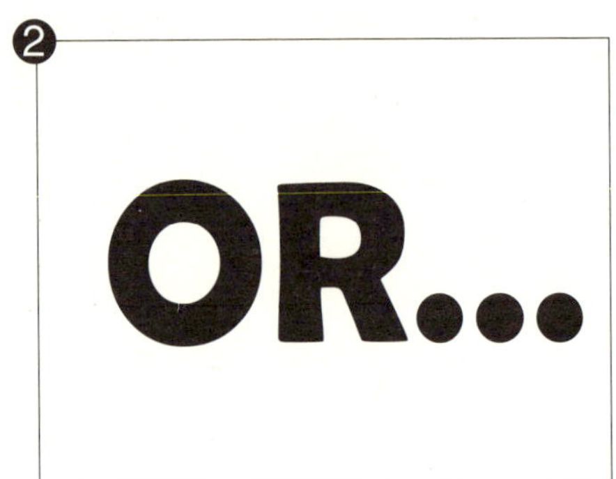

或者……

❸

黄志（右二）和小邱（右一）不配合，真是的！

❹

日程安排：细节决定成败

8:30-8:40	欢迎词 （马克）
8:40-8:45	介绍日程安排（栗子）
8:45-9:15	安全教育及团队纪律（栗子）
9:15-9:30	试验整体安排 （小邱）
9:30-10:00	手册使用说明 （栗子）
10:00-10:40	应急预案说明 （黄志）
10:40-11:00	生产线参观及说明 （小邱）
11:00-12:00	问答讨论

按时间说明具体安排，并安排到个人。

❺

采用图配文字的方式进行说明。

❻

全方位照顾好团队。

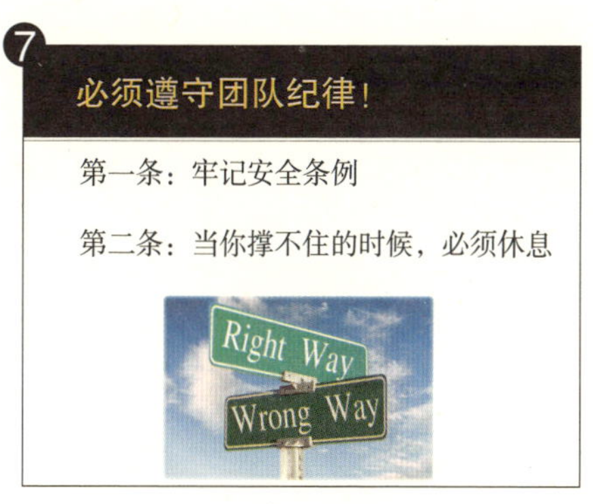

团队纪律要强调、强调、再强调。

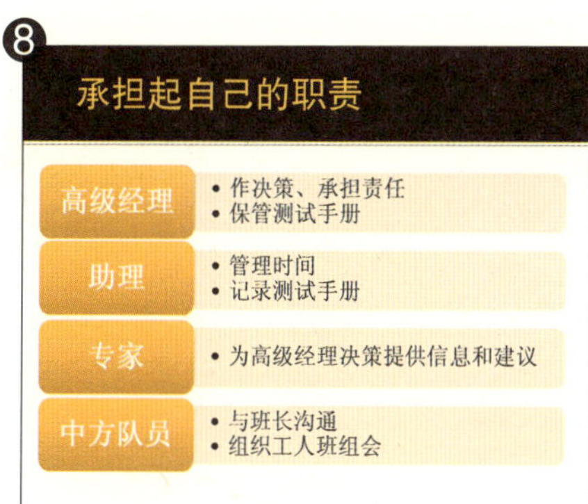

有分工才能有合作。

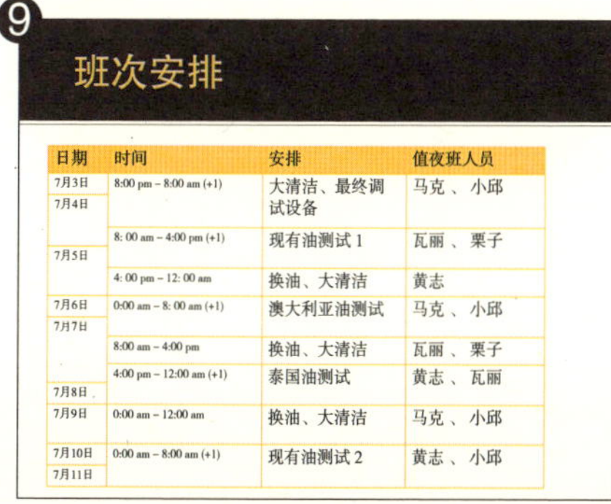

日期	时间	安排	值夜班人员
7月3日 7月4日	8:00 pm – 8:00 am (+1)	大清洁、最终调试设备	马克 、 小邱
	8: 00 am – 4:00 pm (+1)	现有油测试 1	瓦丽 、 栗子
7月5日	4: 00 pm – 12: 00 am	换油、大清洁	黄志
7月6日 7月7日	0:00 am – 8: 00 am (+1)	澳大利亚油测试	马克 、 小邱
	8:00 am – 4:00 pm	换油、大清洁	瓦丽 、 栗子
7月8日	4:00 pm – 12:00 am (+1)	泰国油测试	黄志 、 瓦丽
7月9日	0:00 am – 12:00 am	换油、大清洁	马克 、 小邱
7月10日 7月11日	0:00 am – 8:00 am (+1)	现有油测试 2	黄志 、 小邱

按具体时间，把任务和负责人说明白。

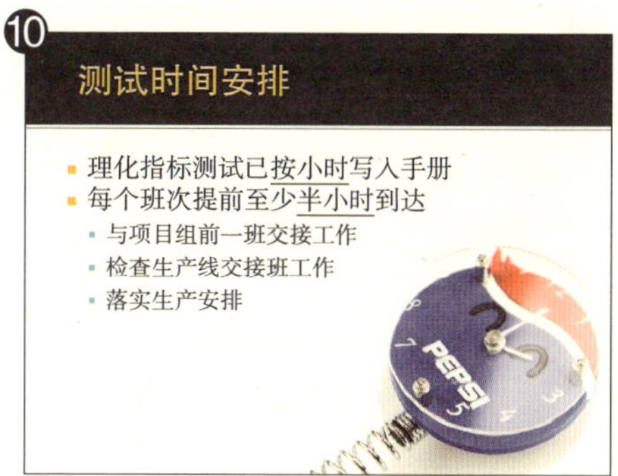

说明测试手册使用方法。

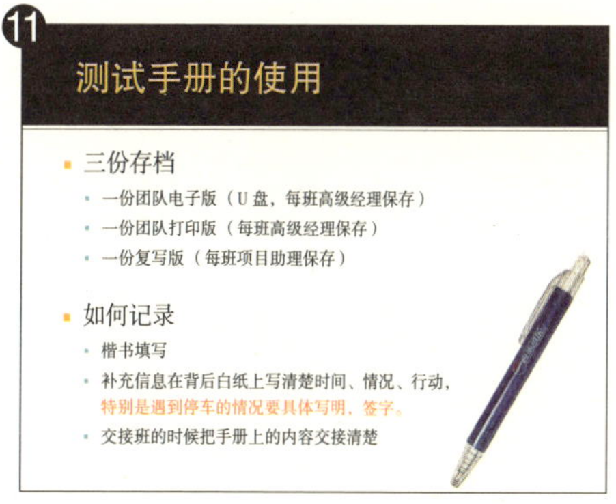

说明测试手册存档规定。

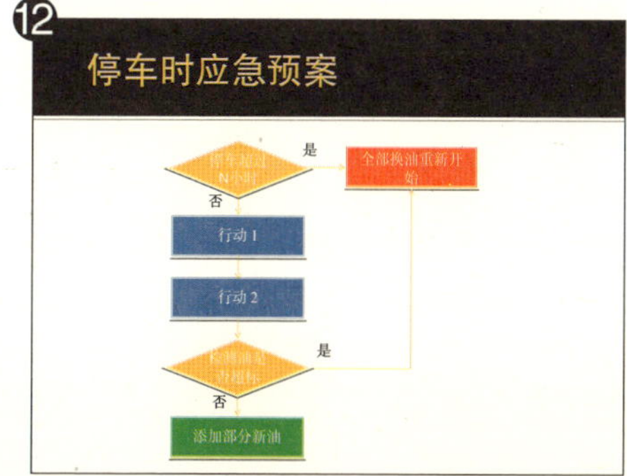

应急预案一定要事先说明。

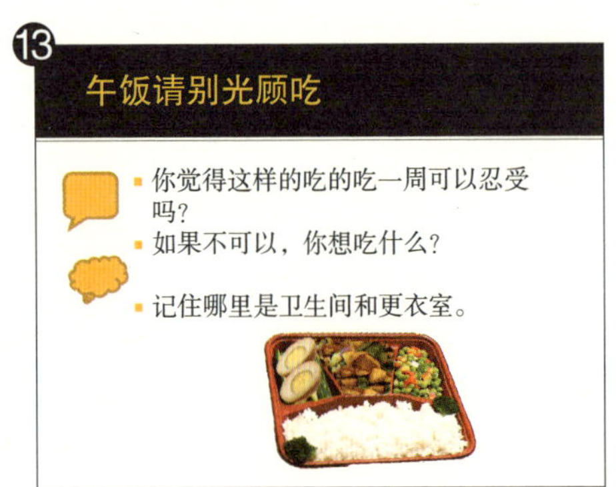

看我这“妈”当得！

为团队打气！

在安全教育里，我最最担心的是高强度的工作给大家带来的心理和身体的压力。反复强调的一条就是如果身体不舒服，一定要休息，这是命令。当时已经是夏天，厂房里温度很高，再加上要在闷热的油炸车间和“呛”人心脾的包装车间中穿梭，对身体是很大的挑战。我们项目组个个都是劳模，必须提醒大家爱自己。

第二部分是试验的整体安排。之前我做好了试验的手册，加了塑料皮装订好，一共两份，其中一个是备份。

你不妨试试

试验手册里把十天的试验先整体按班次写了具体要做的事情，然后每个班次一页，以半小时为单位写好这半小时里需要做的动作、记录的项目和测试的要求。这些都是我和项目成员反复沟通核对后确定的。这样详细地按时间写出具体的安排比起“1.每隔2小时测水分和切片厚度；2.每班测一次盐分……”的写法更方便记录和使用，减少了遗漏和出错的概率。比如下面是其中一个班次的记录举例。

日期：7月8日 班次：甲/乙/丙班 负责人：栗子、瓦丽

概述：一切正常/基本正常/重大问题

时间	测量项目	测试结果	审查人	备注
8：00	最终样品水分（绿区为*.*%~*.*%）	×××	栗子	绿区
	切片厚度（绿区为0.*~0.*cm）	×××	栗子	绿区
8：30	油指标1（绿区为*.*~*.*）	×××	瓦丽	绿区
	油指标2（绿区为*.*~*.*）	×××	瓦丽	绿区
9：00	产品外观	×××	栗子	绿区
	产品品尝	×××	栗子	绿区
9：30	提取微生物检测样	×××	栗子	样品号：AP10021
10：00	最终样品水分（绿区为*.*%~*.*%）	×××	栗子	绿区
	切片厚度（绿区为0.*~0.*cm）	×××	栗子	绿区
10：30	油指标1（绿区为*.*~*.*）	×××	瓦丽	绿区
	油指标2（绿区为*.*~*.*）	×××	瓦丽	绿区
11：00	充气量（绿区为*.*~*.*）	×××	栗子	绿区
11：30	盐分（绿区为*.*%~*.*%）	×××	栗子	绿区
12：00	最终样品水水分（绿区为*.*%~*.*%）	×××	栗子	绿区
	切片厚度（绿区为0.*~0.*cm）	×××	栗子	绿区
……				

这种做事方式是我在美国一家公司实习做试验员的时候取的经。按我们中国人通常的想法，只要把事情交代清楚了就可以了，但是按照西方人的想法，一定要把工作分解到具体的可执行层面，说白了，就是到傻子都不会犯错的地步。比如我们看中文的菜谱，往往都是“大火把油烧热”“加少许盐”之类的含糊的词语，而西餐的菜谱都是“把烤箱设置到400F”“加一茶匙盐”。这里的茶匙可不是我们真的每天喝茶的茶

匙，而是一套标准量具中的一个，每家必备。这样的菜谱保证大家做出来的菜都是一个味道，而不是像中国菜，鱼香肉丝好不好吃，完全取决于大厨的手艺。我当时实习的时候，比如一个试验步骤叫“制作5%的溶液”，中国人的写法就是简单的“配置5%的溶液”，而我拿到的试验单是“称量5克（+/-0.01g）加入水至100克（+/-0.01g）”。我开始也觉得美国人真傻真笨，脑子真死！但我后来意识到了这样做事的优点：大大减少出错的概率，这叫磨刀不误砍柴工。

说到这个试验手册，我基本做到了傻瓜手册的地步，由每一班的负责人保管，最后实验结束后交到我这里保存。我们五个人一共分成三个班次，每个班要保证一个薯片专家、一个懂中文的、一个决策人。最后，我和瓦丽一班，马克和小邱一班，黄志自己盯一班，谁让他能者多劳呢。每个班要求提前半小时到，进行交接班。

试验安排说完了，接着小邱汇报所有工作就绪的状况，包括样品在试验之后运往冷库和储藏室的卡车安排情况。她得意地报告了所有原料都已入库。其实我们俩特想当一回祥林嫂，把所有不幸都娓娓道来几番，好好诉诉苦。但大家才没兴趣听这些，当下最关注的是眼前要紧的试验。马克对所有的试验安排满意地点了头，现在看应该不会有什么差错了。休息了一下，黄志继续讲如果遇到突发情况，都有哪些处理措施，这叫未雨绸缪。黄志是团队的主心骨，他是我们当中资格最老的薯片专家，性格又稳重，不像我和小邱那样整天咋咋呼呼的，所以哪怕是应急预案，到他嘴里都那么不紧不慢，告诉大家没问题。

其实我们最怕的是试验当中突然停电。有一次我去北京工厂跟黄志学习一个产品的生产流程的时候，外面下暴雨，一个闪电之后，工厂就在轰隆隆的雷声到来之前停电了，只有应急灯齐刷刷地亮着。7月份正好是上海的雨季，我们只能祈祷老天爷别再给我们找麻烦了。

6 War room不是作战室，这是咱的窝

所有内容都得到大家的认可后，我们去吃午饭。这是瓦丽和马克第一次吃上海工厂的工作餐。我还特别告诉他们如果饭不对胃口，一定告诉我，人是铁饭是钢嘛。走出会议室，马克拍拍我的肩膀，双手抱拳，学着中国人春节拜年的姿势，用中文说了句“谢谢”。我笑笑，用北京话回了句“甭谢”，只听得懂“不客气”的马克一时没反应过来。我就逗他说：“这句话的意思是：你欠我一顿饭！”马克说：“没问题，栗子，没有你我死定了。”我哈哈笑笑，真的很开心能为马克分忧。

小八卦

很多朋友听我常常马克长马克短的，就或隐蔽或直截了当地问我：“你喜欢他吗？”“喜欢！”我很肯定地回答，而且我真的发现狮子座的他和射手座的我是绝配。但这种喜欢仅仅是员工和老板之间的合作，仅仅是好战友之间的默契。

在美国有个词叫work spouse，指男女同事间不会朝相恋或性关系方向发展的亲密合作关系，被翻译成了工作伴侣。这个词不但特别符合很多一起男女配对工作的好搭档，比如“飞鱼秀”的小飞和喻舟，也很符合我和马克这对死党。这种关系是办公室里最健康的关系，它亲近但不亲热，懂得分寸和界线。

我周围有很多这样的好朋友，马克是一个，大学和研究生的导师们也是，我的处女作《别告诉我你懂PPT》的策划编辑韩卫东同样要算一个。我们在一起，总能碰撞出火花，相互欣赏对方的聪明才智。大家可以随便开玩笑，随便诉衷肠，随便发牢骚、骂大街，但从来没有暧昧。

下午，我们一起看了库房和试验室。一切安排妥当以后，我去超市拎回来了一大堆吃的。虽然守着个零食厂不会没的吃，但为了尽可能给大家创造一个相对好的环境，我把工厂为我们腾出的会议室变成了我们临时的小家。项目管理里把项目组集中办公的地方叫war room（作战室），而我觉得这个名字太残忍，应该音译“war”为“窝”。窝就有了家的感觉，有了温馨的气氛。我为大家准备了茶、咖啡、牛肉干、坚果、蛋黄派，以及很多水果，还有小邱最喜欢的巧克力，马克最喜欢的士力架，算我小拍一下马屁。还特意嘱咐厂里为我们开通了网线，能打国际长途的电话线。嗯，现在够爽，够窝了。

大家对我的后勤保障工作直竖大拇指，这算是工厂里能有的最幸福生活了。我听了心里美滋滋的，但嘴上还得客套客套：“既然测试这么艰苦，就尽可能让大家精神上放松一下吧，谁让咱是拉拉队长呢！”

你不妨试试

很多人并没有意识到零食与工作效率之间的关系。我们采访过很多消费者，其中一些人反映说公司里不能吃零食，否则不庄重，老板会觉得你偷懒。其实零食不但可以补充能量，提高工作效率，更可以放松心情，提高创造力。我们曾经和一家世界著名的创新公司合作，他们的办公室里就总是有M&M's巧克力豆豆。另外，零食还能拉近人与人之间的距离。在美国哪怕论文答辩这么严肃的事，学生也会给答辩委员会的老师们准备一些零食。我当时准备了好大一桌子，老师们直说：“这是不是要贿赂我们呀？”我看这跟我们春节用关东糖供灶王爷差不多，用蜜糖把嘴堵上，求灶王爷上天说几句好话。办公室里平时用零食、好茶啥的多和同事分享，也是个混人缘的好方法。但选择办公室的零食一定要注意：1.不能咔咔响，动静太大，包括别选声音太脆的塑料袋；2.不能香飘飘，以免引起老板的注意，顺藤摸瓜来找你麻烦；3.不能油腻腻，弄得满手都黏糊糊的，还怎么敲键盘呀。所以巧克力真的是最佳选择。

7 别让安全事故变成鬼故事

那天晚上大家回到酒店里在咖啡厅聊天。这恐怕是我们几天内难得的一次放松了。我、瓦丽和小邱三个女孩子挤在一张双人沙发里，马克和黄志分两边各坐一张单人沙发。我和小邱每人双手抱着一个沙发垫子。马克说："为什么中国女孩都喜欢这样抱着沙发垫子？""缺乏安全感。"我张口随便瞎说着。没想到瓦丽语出惊人："你们房间里也有鬼吗？"瓦丽神秘兮兮的一句话吓了小邱一跳，小邱撒开垫子，一把挽住我胳膊。我受美国人的影响，最看不得女孩子相互挽胳膊，那是同性恋的表示，忙着挣脱。瓦丽说她昨天晚上看见酒店房间里有鬼了，从厕所的镜子里爬出来，穿了一身白衣服，还跟她说话了。听她这么一说，小邱赶紧缩到我身边，死死抱紧了我的胳膊，我也知道挣脱没用了，就随她去了。我是个坚定的无神论者，一边嘲笑着小邱，一边挑战瓦丽："哦？真的吗？那请问这个鬼说的是中国话、英语还是泰国话呢？如果是中文，是普通话、上海话还是你会的潮州话呢？"瓦丽根本没理睬我的挑战，说："反正我能和她交流。”小邱这个时候已经吓得不敢自己回房睡觉了，赶紧给她的Mr. Right打电话，还说要跟我一个屋睡。我好说歹说才阻止了她来我房间同床共枕。

这个恐慌一直没有结束，小邱第二天把这个鬼故事讲给厂里人听。结果厂里人告诉她：“我们这里也闹鬼！就在土豆仓库。当年有一次卸土豆的时候，有个工人不知道怎么就被砸死在里面。后来，听说有人值夜班的时候见过一个鬼，晚上坐在土豆仓库上面哭。”于是从那天起，值夜班成了小邱最大的心理挑战。

这个鬼故事至少有一半是真实的安全事故。我们在美国读书的时候，专门有一门课叫做安全教育与职业道德。这门课可以说是要求最严的课程之一，全部闭卷考试。美国有非常标准的安全系统。我们的安全教育甚至细到搬箱子的时候要蹲下来用腿的力量搬，而不能弯腰用腰的力量搬，因为那样非常容易伤到腰。有一次马克请了一天病假，听说是腰疼。身体向来结实的他怎么会腰疼？结果后来一打听，原来是弯腰从冰箱里取葡萄酒，把腰给闪了。于是我就笑话他，没好好上安全教育课。

小八卦

还有一次我和一个水泥公司的人聊，得知他们最容易发生的安全事故就是类似土豆仓库这样的，经常是有人进到机器里面维修，而别人不知道里面有人，就开动了开关，这样往往连尸首都找不到。我告诉他其实防止这种事故的方法非常简单，就是在电闸上面加一把小锁，拉完闸以后，工程师要把闸上好锁，然后把钥匙随身带上再进入设备，这样在他出来之前就没人可以拉动开关。这是所有安全教育里最基本的。他居然瞪大了眼睛看着我，好像头一次听说，告诉我：“国内的设备很多没有锁呀。”我说：“随便一把二十块钱的锁就可以了呀。”

安全防护是一个自己保护自己的措施。在美国，我们进入工厂不但要戴护住头发的一次性帽子，还要穿专门的安全鞋、戴护目镜、戴耳塞、戴口罩、不能涂指甲油、不能戴耳环和镶钻的戒指。可在国内，我们常常看见擦玻璃的小时工毫无防范地把大半个身子都伸出窗外，工厂的工人在粉尘严重的厂房里连个口罩都不戴，类似这样的事比比皆是。如果你自己都不爱惜自己，嫌麻烦，等到出了事，得了尘肺，再开胸验肺又有什么意义呢。

尽管我和小邱第一次和工厂开会的时候就特批了一笔劳保用品，特别强调了安全第一，可听完鬼故事，小邱还是不放心，又跑去嘱咐了生产经理一遍，保证我们不成为下一个鬼故事的女主角。一切都安排妥当了，我们一起祈祷着接下来十天的测试能够圆满完成。

8 不堪回首的工厂连轴转

测试如期开始了，我们开始分开值班。值白班还行，值夜班真不好受，白天睡不着，夜里又不能睡。我和瓦丽一班。一到夜班，我几乎都要央求她多给我讲点鬼故事让我提起精神来。后来我干脆把酒店的枕头偷出来，晚上没事的时候可以在我们的窝里趴一会儿。一日清晨，我俩一脸疲倦地回到旅馆，头发比鸟窝还乱，身上又是一身脏兮兮的工作服，还没进旅馆的大门就被礼宾部的经理一把拦住："请问您？"他上下打量着我。"我住这儿！"我理直气壮地挥舞了一下手里的枕头。瓦丽在一边咯咯地笑。我估计我把那经理吓傻了，还有拿枕头当通行证的？拦住人进酒店早就是20世纪80年代的作风了，我居然被拦住了。可想我有多狼狈了。

和整天叫苦连天的我形成鲜明对比的是斗志昂扬的小邱。刚刚和马克值完第一个夜班，她看不下去老大这么高的职位跟我们一起奋战在第一线，好像忘了鬼故事了似的，跟马克拍着胸脯保证：放心吧，没问题！就这样，马克躲过了第二个夜班，而第二天一早，等我去接班的时候，生产经理就跑过来："栗子呀，昨天小邱差点晕倒在生产线上。"我又恨又气又同情地看着小邱，她傻呵呵地笑笑："别听他胡说，邪乎，没事！"看着她疲惫憔悴的脸，我赶紧劝她回房休息，可是不久，她又值了一个连班。

值班辛苦归辛苦，但无聊是真无聊。我们前面风风火火地做了那么多的事情，等到人聚齐了，开始真刀真枪地操练起来了，才发现原来测试做起来这么无聊。工厂里的事早被小邱安排妥当，一切都井井有条，按部就班。工人不用我们督导，他们有自己的经理来管理。只有取样的时候我们必须一整个班都泡在车间里，要在生产线上来回跑，以确保万无一失。其他大多数情况我们只需要在关键点的时候去线上视察一下，把数据抄回来，确认一下取样的方法和标签，看看各个仪表上的读数是不是在绿区就可以了，平时就在"窝"里猫着，处理处理其他项目的事。看似轻松，但这活儿其实挺耗人的。同时，我真的感慨工厂的伟大。那么多人，那么多设备，那么多原料，居然丝丝入扣，按部就班。真是神奇。

小八卦

管理工厂的学问我不懂。有一次我和一个百事可乐灌装厂的厂长聊天。他问我一个问题："栗子，如果你是品控经理，你发现在线的品控员偷懒，没有测数就自己填了表，你怎么处理？"我挺直了腰板，信心满满地回答："第一次发现严重警告，并告诉他下次再犯的后果，然后立即开组会，不点名，但要把事情说清楚了，把再犯错的后果说明白了。要给人改正错误的机会。如果第二次再犯，该怎么处理怎么处理。”厂长笑笑，对开会这方法表示了满意，但接着他又问：“如果同样的情况被我们的大客户，如肯德基的品控经理参观的时候发现了，导致大客户对我们产品的质量产生怀疑，你怎么处理？”这次我想了一下，回答：“对客户那边，要感谢人家指出问题，保证立即改正，并欢迎他们随时来参观。对犯错误的人采取和上面类似的办法。同时作为管理者，要建立一些新的管理办法，如相互检查签字之类的。”厂长微笑了一下，但这次满意度不那么高，他指出了我的问题：“栗子呀，告诉你实话吧，这第二个问题是个真事。我们刚刚因为这个撤掉了一个品控经理。你说的那些都很对，但你忘了一条，作为品控经理，出了这种事你有不可推卸的责任。如果你能时常地去车间转转，如果你经验丰富，你应该能够及时地发现问题。凭什么人家客户的品控经理一年也不一定来一次，来了就发现问题，而你天天在厂里，对这样的情况却全然不知呢？质量管理大师戴明说过，产品质量是生产出来的，不是检验出来的。很多事情，只要多观察，就能发现问题。比如滤网换没换，一眼就能看出来，不用去听工人说，不用去看他的记录。”“怎么看？”我觉得好神呀，赶紧追问。“呵呵，一看你就没经验。看看两边的压力表有没有差值就知道了。”我这时才恍然大悟，很多东西不需要多深奥的科学，但要用心，注意积累经验。

我们就像这个厂长说的品控经理，主要的工作就是要时常去车间转转。只要我们自己态度认真，工人们自然会小心地操控机器，收集样品。态度是可以传染的。

眼看着试验进行得非常顺利，三种油炸出来的薯片都已经摆在我们面前。从外观根本辨认不出来，我赶紧在混淆之前贴上标签。然后我们几个轮番仔细地咂摸着滋味，大家都没吃出区别，这给我们吃了一颗定心丸，消费者那关应该可以顺利通过。我们已经取得了第一步的成功。本以为可以放松警惕，逍遥自在了，但我们再一次领教了什么叫“行百里者半九十”。

9 就差最后一哆嗦

实验一直进行得很顺利，眼瞅着到了最后一班，最最没有风险的一班，就是平时工厂里进行的油炸薯片的常规生产，用来做参照的。小邱和瓦丽主动承担了最后一班。黄志赶回北京处理其他的事。马克也轻松地到酒店楼下昨天刚刚开张的星巴克，一边享受他最喜欢的双份咖啡的卡布奇诺，一边把E-mail们杀死杀死杀死！我则“脱我战时袍，着我新衣裳”，穿上一件新买的吊带裙去剪头发。在泰国剪头发是我最大的痛苦。有一次，我对理发师说“Not too short（别太短）”，对方对我说：“OK，OK，short！short！（好，好，短！短！）”气得我半死。所以我总是没有自己喜欢的发型。谁说交流的时候非语言的部分比语言内容部分更重要的？明明语言内容部分是基础！这次可以好好享受一下国内标准的洗剪吹了。大家的心情就好比马上要打开塞子的香槟，就等着庆祝胜利的那一刻！

等我刚刚剪完头发，回到房间，电话忽然响了，是小邱：“栗子，出事了！”听上去小邱低沉的声音好像被霜打了一样，显得很沮丧。我都怀疑自己是不是听错了，心提到了嗓子眼：“怎么了？”“泰国的包装膜不够用了。”“啊，不可能吧？！”在我看来，泰国人动不动就要求300％的样品，怎么可能膜不够用，一定是放错地方找不到了吧。“真的，我和瓦丽重新验算过了，是算少了一卷。数是瓦丽助理算的，她就这个没验算，结果就出事了。”唉，这也是我唯一没有验算的部分，当时光顾着和瓦丽打那300%样品的架了，我总觉得泰国人一定会多寄至少100%，所以绝不会少，就没验算这个，结果就出事了。“生产线还在转，还能坚持40分钟，你说怎么办吧。”小邱问。我当时脑海里立马出现了电影里还有多长时间定时炸弹就要爆炸的场景，迅速估算出现有的样品量。“叫瓦丽接电话吧。”电话转到瓦丽手中。“瓦丽，现在的当务之急是把样品包起来。我们可以想其他的办法送到泰国。而且根据我的计算，我们已经有了超过150%的标样，如果我们节约着用，之前的标样也已经足够了。”“栗子，不够，我必须带足够的样品回去！必须！现在的样品不够！中国的包装膜和泰国的不一样。这样的样品我们没法接收！”我听得出瓦丽的懊恼，“冷静，瓦丽，你先让小邱从工厂调一卷膜，接上生产线。我们现在必须退而求其次，必须冒这个风险。”“那你来承担这个风险吗？！”我听了就气不打一处来，数是你的助理算的，错误是你们的，干吗让我来承担风险？我差点把“凭什么”这三个字扔出去。但我从小就被教育要顾全大局，“我承担就我承担！”我赌气说了一句。

其实在我眼里这根本不叫风险。别说缺一卷膜，就是缺两卷，现在的样品量照我的计算也足够用的了。可瓦丽还是唧唧歪歪，只着急不想办法。我只好打电话给马克，让他再劝瓦丽一次。狐假虎威的人格魅力值该用的时候就得用，瓦丽勉强同意了。等再见到马克，我立马委屈地告诉他：“她们算错了，凭什么让我承担责任？我不是不能承担，是我不乐意！”“样品够用吗？”马克没答理我的抱怨，直接问了要害。“够，照我的计算足够。你放心吧。”马克笑笑，拍拍我的肩膀，啥也没说。其实每次我冲他发牢骚的时候，他总是这样。他的意思我理解：“我听到了，但我不愿意火上浇油。这不是什么大不了的事，你自己能处理好。”这方法对我很有效，总能帮我冷静下来，把矛盾关注在事上，而不是人上。

瓦丽和小邱下班回来，我们本来打算大吃一顿庆祝一下圆满完成任务的，结果我赌气不理瓦丽。瓦丽打的小算盘，是把后面带网站促销标志的中国包装膜包的样品混在所有样品里寄出去。那样做我们会冒一些海关检查的风险，毕竟这个有促销标志的包装膜没在海关注册。不过说句老实话，一共才五箱样品，掺在上百箱样品里，还可以藏在集装箱最中间，被海关抽查到的概率不说大海捞针，也是百里挑一了。但正是因为瓦丽之前刺激我的那句："你负责？"我就干脆告诉她不行，这样风险太高，万一出了事算中国百事的，这个责任谁也承担不起。为了拿出这五箱样品，我和瓦丽特意去了趟冷库，让库房的人穿得像大狗熊一样，开叉车进冷库把所有样品拿出来，把她混在里面的五箱一箱不少地挑了出来。这五箱被单独拿出来找了快递公司，几百美元的运输款由泰国团队付。那天我俩几乎没说话。小心眼的我为此很得意，觉得总算给你们点教训，哼！结果这点气一直憋到我俩回了曼谷才找碴发泄出来。

10 感谢会上演真实版《不差钱》

虽然小团队的庆功宴不吃了，和工厂的这顿腐败还是要吃的。马克一直教导我们：当一个辅助组完成使命撤离项目组的时候，不能卸磨杀驴，要对人家的劳动表示感谢，并把这种感谢传递到他的老板那里。是的，作为项目的核心成员，这个项目是我们非常重要的工作，但对其他人，这不过是他一年中工作的10%或者连1%都不到，甚至是纯粹的额外的帮忙。我们不能指望人家对此事的重视程度和我们一样，但只要我们得到了帮助，就要表达最最真诚的感谢。为此，我们把邀请发给了每一位经理和班长，并抄送给了厂长。

请客那天一进大包间，看见满满坐的四大桌人，我和小邱就傻眼了。本来小邱只请了经理级的以及和项目相关的工人，但没想到消息一传十十传百，来了很多我不认识的人，就连要上夜班的也“百忙之中”特意赶来。饭馆也是工厂的人帮忙订的，松江当地最好的一家。这里不能刷卡，我们俩荷包里的现金显然不够应付这么大排场。马克赶紧去自动取款机取钱。小邱悄悄嘱咐服务员：“别说有鲜榨果汁。”现在想想，估计“不差钱”是从这儿学的。我悄悄问了问马克预算，然后跑出去和小邱点菜，挑了几个相对“价格便宜量又足”的，因为价格便宜是对这个饭店的过高要求，而量又足是对上海菜量的奢望！我们俩真的是按着计算器点的菜，还软磨硬泡地逼着人家打了个八八折。小邱讲话：“反正下次咱不会来这儿了，人家不会认出我们这两个抠门鬼的。”

焦头烂额之际，想起了信息传达模型：

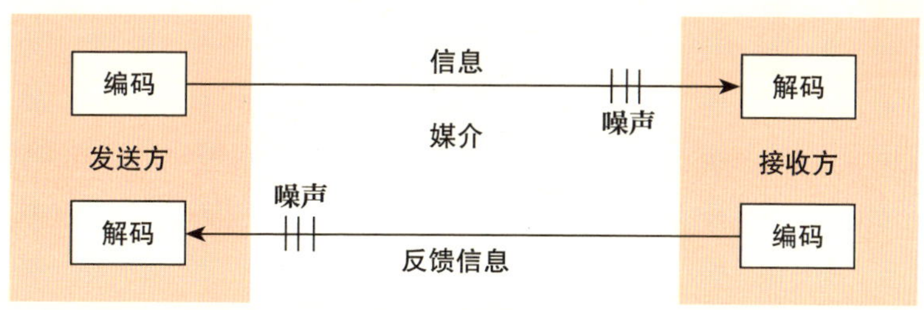

在这个模型中，首先信息发出者按照自己的方式把信息编码，然后传达出去，中间会由于各种因素造成信息的误传，也就是噪声，随后被接收者接收。然后接收者再凭着他的理解，以他的方式对信息再编码，再反馈回来，这时信息又有丢失，同时发出者会按照自己的想法来解码。其实我们很多时候都在哇啦哇啦地发出信息，并没有注重别人的反馈，更没有注意对比我们发出的信号和接收的信号是不是一致。原因就是我们太自信，做了一个大大的假设：我说什么，对方都听见了，并且听懂了。

想起我刚到美国的时候，英语听力和口语都不好。但最怕的就是打电话。如果面对面沟通，大不了还可以比划比划，但打电话就很恐怖，老怕听错。所以每次我都会和人家确认一下："您看我理解得对吗？"然后用我笨拙的、简单的英文把我的理解重复一遍，直到得到对方的认可。但是，当我们用母语交流的时候，却常常忽视这样一个简单的确认过程。我和小邱也不是没确认，我们只问过人家一句："饭馆订好了吗？"人家说："放心吧，没问题！"于是我们就带着我们所有的假设被吓了一跳。

点完菜，回包间坐好，马克致感谢词。我在一边翻译。这之前我就叮嘱好了："马克，我英语不好，中文更是好久不说了，要满脑袋找词，所以一定要说些简单的大白话，我好翻译，别让我在父老乡亲面前丢人。"他爽快地答应了。开始我还翻译得很开心，无非是些项目很重要，多亏大家的支持之类的，但马克忽然来了一句："我不知道这句中文是不是好翻译。"我的心提到了嗓子眼，竖起耳朵听。"Failure to plan is a plan for failure。"马克又用他惯用的坏笑看着我。这不是绕口令吗？"失败的计划就是计划去失败！"我翻译道。马克确认大家都听懂了，我翻译得没问题了，满意地点点头，就接着说："这个试验是全球做得最复杂的健康油项目。没有之前项目组详细的沟通，没有工厂里给我们的积极的反馈，没有工程师们的大力协作，我们不可能有这样完美的计划。这个计划是我们项目今天顺利完成最重要的保证。谢谢大家支持！干杯！"

虽然差点上演了《不差钱》，但我那天好开心，觉得之前所有的努力都是为了这一刻，觉得所有的努力都没有白费。而这之后，我们可爱的薯片宝宝们是不是能挺过六至九个月的保质期，可就看老天爷对我们好不好了。

第八章

“女王”凯旋

成熟比成功更重要

1 给力PPT报告搞定老板

回到曼谷办公室，我们要向全体组员汇报我们的战绩。啥叫凯旋？凯旋就是高调地回来！首先，马克要代表全体项目组成员向老板们发E-mail作汇报。他用了一个词“flawless（完美无瑕）”！但他还是觉得不够给力。他跑到我办公室，给了我一个艰巨的任务，要我一个晚上想出来一个能吸引大老板们注意力的方法，让他们知道我们完美无瑕的结果是多么来之不易。

马克的这个命令让从前各种大大小小的周折又立刻浮现在我的脑海里了，盐、插板、包装膜、促销标……我暗自嘲笑着自己当时把这个项目看得那么简单，更对接手这样一个项目有一种说不出是幸运还是倒霉的感觉。我们做了这么多的工作，细致到很多自己从前想都没想到过的犄角旮旯，处理了很多紧急情况。人是怎么成长的？是在不断处理意外中成长的，练技术，更磨炼心志。这就好比一个新飞行员，头一次在暴风雨里顶住雷电安全着陆了，以后就更有信心应对复杂情况了。

我忽然想到了一张图，就是那张著名的冰山一角。我给马克做了这么一页PPT，就此一页：

一般人在利用这幅图的时候，只关注冰山露出水面的一角与整体的比例。而我却把关注点放在了海水上。正是这些海水，无缝地团结在一起，处理着每一个细节，托起了整个项目。也许老板们看到的只是晴朗的天空下美丽的冰山，但我希望他们能关注这些平静海面下的海水。

马克看了，兴奋地迈着大步子，走到我办公室，扒着门框说：“栗子，这回咱们肯定能把老板们搞定了！”果不其然，马克的汇报刚发出去，很快好几个祝贺的E-mail就从大老板那里纷至沓来。我们还被批准可以再腐败一顿。

接下来，我在组里做了一个完整详尽的汇报。我给汇报的PPT起了个名字叫《Burn the Midnight Oil（烧干午夜的灯油）》。这个“Burn the Midnight Oil”的名字是我谷歌来的。这个英语成语的意思是：工作到深夜，非常类似于中文的“头悬梁，锥刺股”，对于这个熬了N个夜完成的项目，这个题目简直再贴切不过了。我做PPT的时候，总喜欢起一个好名字来体现团队精神。当我在《别告诉我你懂PPT》里大肆弘扬雷人标题的重要性时，有反对者表示要把我这个“标题党拖出去斩了”。他们愤愤地认为不要拿名字来欺骗群众。我站起来奋力反驳，有个词叫拉图尔定律，它是指一个好品名可能无助于劣质产品的销售，但是一个坏品名则会使好产品滞销。所以我所提倡的好名字不是为了用来销售那些瞎糊弄的工作，而是让一个好的PPT承载我们努力得到的劳动成果，让它更吸引人。既然我们辛苦地做了那么多工作，为什么不能好好展现一下呢？

这其实是一份中规中矩的项目报告。但就因为一个特别的标题，体现出了团队的精神。

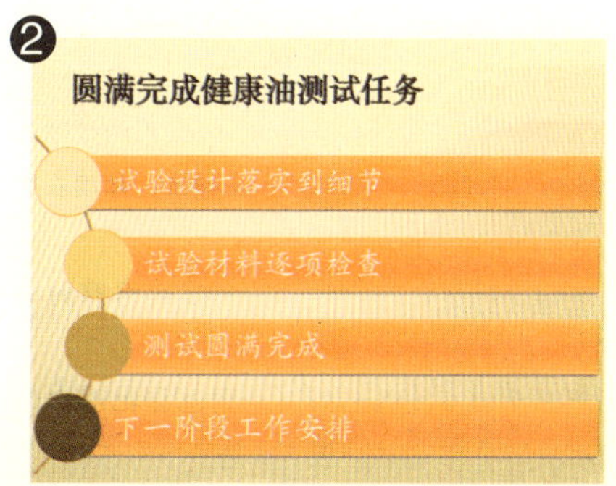

用不同的颜色区分不同的章节。

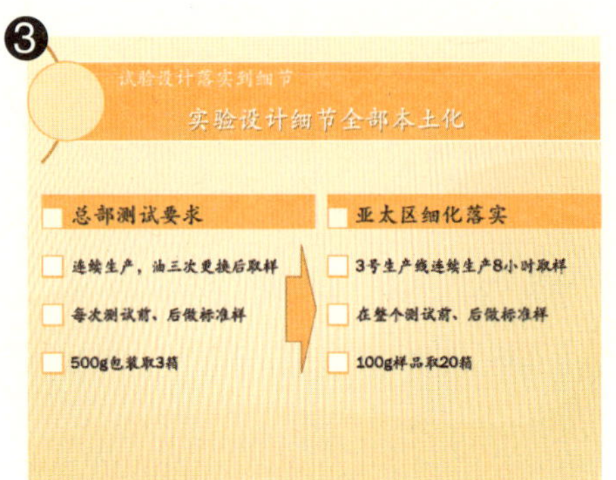

用简单完整句说明本页内容，用表格表示对比。

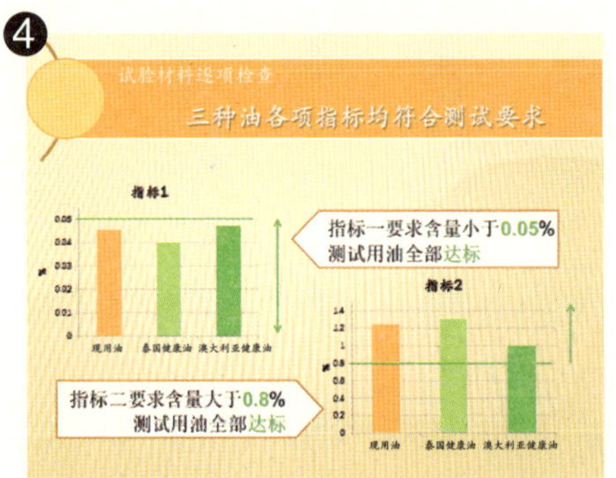

图不需要多炫，但一定要好读。比如用两种绿色表示两种健康油，用绿线标示出绿区，让读表更容易。

由于这个报告还要存档，所以言简意赅的的文字说明是必需的。

一页里面顶多放两幅图，否则就会把图中的横纵坐标挤得太小，看不清楚。

图片比文字更能说明问题。在工作中注意保留一些图片。

6

下一阶段工作安排

理化指标测试安排

月份	油指标1	油指标2	油指标3	水份	氧气
1			x		
2	x		x	x	
3			x		
4	x	x	x	x	x
5			x		
6	x	x	x	x	x
7			x		
8	x		x	x	x
9	x	x	x	x	x

用黄色标注重要的时间节点。

把“每隔多长时间测什么”用表格表示成一个任务表，以便于安排工作。

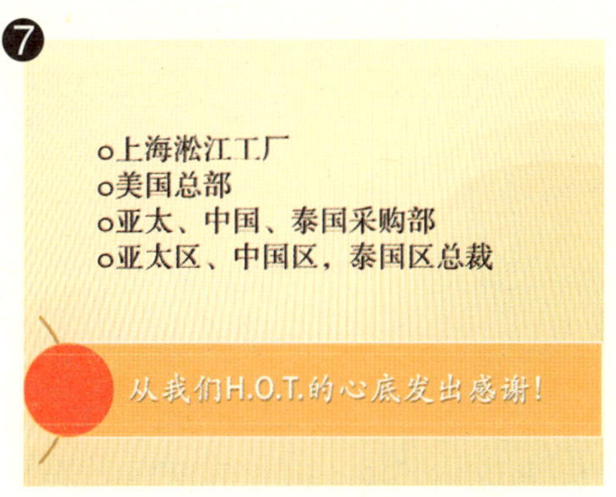

记得感谢别人哦！

对这个项目阶段性的汇报，我主要关注了已完成的工作、达到的目标、下一步的工作和面临的挑战。在报告的每一页，都用了一个简单完整句来总结这一页的内容，这样大老板就可以用很少的时间，通过阅读简单完整句了解我们的试验内容。在具体内容的图表上，我用绿色的线，标出了绿区，以方便读者很快看出我们的产品都控制在了绿区范围之内。

但事情永远不可能让所有人满意，骄傲的将军总会听到夹道欢迎的人群里夹杂着的不和谐的声调。

2 在职场，要学会游戏规则

当我刚得意扬扬地把标题一亮，开始分享我们的骄人战绩的时候，凯特就马上发言：“嗨哟，这名字真好！你们真够辛苦的！周日都加班哦。”过了两天，凯特手下的小姑娘琳达到我耳朵边说八卦：“凯特跟我们说：‘你瞧瞧他们健康油那个项目，真不会安排，居然还周末加班。公司不是主张work-life balance（工作与生活平衡）吗？他们一看就没个计划！这么点破事，还搞得事事儿的。'”琳达虽然汇报给凯特，却是我的小粉丝，跟我比跟凯特亲，有点啥事总来听听我的意见。听琳达这么一说，我傻呵呵笑笑，心里明白，林子大了，什么鸟人都有，尤其在这种文化多元的环境下，一件事被几种语言来回地一翻译，就彻底地Lost in translation（迷失在翻译中）了。

凯特平时总是把所有关于“好”的英文单词挂在嘴边，把你夸得跟朵花似的，但背后我永远不知道她会说我什么。但她有她的强项，就是特别会使用公司所谓的“个人发展计划”。就是通过这个计划，她疏通人脉，从一个澳大利亚的小试验员，然后调到亚太来做研发经理，后来做到了欧洲区的某品牌的研发经理。而就在她离开曼谷去欧洲的告别晚会那天，还发生了一个故事。她带着琳达向副总裁和总监汇报交接工作。刚开完会，琳达跑到我办公室，把门一关，吧嗒吧嗒地掉起了眼泪。我赶紧递上面巾纸。还没等我问怎么了，她就抽泣着说：“今天……向大老板们汇报……明年我们组的预算。之前是……凯特说明年……明年测试可能会涨钱，让……让我预算多加20％的富余量。结果……今天老板们一看数……问……怎么……一下子多了这么多？我就说……是加了20％的富余量。然后……然后……然后……我老板扭过头来就说：‘谁让你加了？！’明明……是她让我加的。”“啊，还有这种事？这是诚信问题呀。”我扣了顶高帽子。诚信（integrity）是个在美国公司超级敏感的词，一个坚决不能触碰的职业道德底线问题。虽然事情不大，但在大老板面前端屎盆子往人家小姑娘身上泼，这不是柿子找软的捏吗？我说：“别哭了，没事。别人我管不了，马克那边包在我身上！”她擦了擦眼泪，眼圈还红着，说：“栗子，陪我下楼买束花吧。”我们楼下街边有个花店，做的插花又好看又便宜。让办公室里其他人看见她掉眼泪也不好，我就陪她去买花了。我开始还以为她自己要小资一下，结果到了花店，她问我：“你说我今天送老板哪束呢？”“啊？什么？她这样对你，你居然还给她买花？你疯了吗？”“毕竟她教了我很多东西呀！我当初来的时候是个新人，什么都不懂，现在我已经能独立完成所有的测试了，我想谢谢她！”“哼，她欺负你欺负得还不够呀？你哪天九点以前回过家？你看我，天天朝九晚五，从来不加班，你不是说我下班比表都准吗？但你看，哪件事我没办好？你就是把老板惯坏了！下回换个老板，你可千万别这么卖命了。”“好啦，我知道了，栗子，你看这个行吗？”“啊，你真买呀？我不参与意见。我坚决反对送她花！”她花了五百多泰铢，合一百多元人民币，买了一个花篮。我又请她吃了个大号冰激凌，她算是心情平定了。回到办公室，果然另一个同事也反对她送花，这次帽子扣得更狠：“如果你送了，就是在大老板面前默认了她这样对待你是合理的。”就这样，这束花没有被带到晚餐的现场。告别晚宴上，我趁着大家喝酒的时候，跟马克说了整个故事的真相。马克端着酒杯，跑到琳达面前：“干杯！以后就好啦！”抱抱她的肩膀。小姑娘抿嘴笑笑，泪水在眼眶里打转。马克跳起了他最擅长的搞笑迪斯科，把大家都逗笑了。马克当年就是靠这个勾引到那么漂亮的老婆的。

在凯特离开曼谷之后，有一次吃饭的时候我和马克聊天。我说：“凯特在的时候，我从来没跟你说过一句她的坏话，没打过她一个小报告，但是现在她走了，很多事我想跟你说。”马克嘱咐我一句话：“栗子，在职场里不必要得罪的人不去碰。你知道凯特的发展路线，我真的说不好她哪天会成为副总裁。你的能力大家是有目共睹的，但是，你要学会‘play game（游戏规则）’。凯特这个人我不去评价，但她有一点做得比你我都好，就是懂游戏规则。”我当时觉得马克太懦弱，好像那个《方世玉》里“以德服人”的雷老虎。但后来我才体会到了里面的智慧。多年后我写了这样一篇博文：

摘石榴与人生

公司院子里的石榴熟了，红红的，像很多的小灯笼挂满了枝头，煞是好看。

我等中午吃饱喝足，便总徘徊于石榴树下，以帮助胃中食物尽快转化为脂肪。此时，本人为首的无聊大军颇喜欢像原始人那样直接从树上取食。

其实在石榴还没熟的时候，我们就已经隔三差五地摘一个尝尝了，所以很多未成年的、相对肥硕的石榴就这样半路夭折。等到了成熟的季节，在我们所及范围之内的大个石榴已经不多了，剩的都是开始就没看上的发育不良的。只有我这种身高臂长的，也许还能以一个瑜伽的姿势，够个差不多能吃的。而高处树枝上那些真正肥硕的、饱满的、可人的，就只能等着明年化做春泥更护花了。

于是本人发出人生感慨。其实人生就像摘石榴。首先，如果你是石榴，那么别早早地还没成熟就出头，否则，下场就是还没长成就被摘了。另外，也不能太高，让人家够不到，最后只能做泥巴。而如果你是个摘石榴的，第一，要有耐心，别着急，要等季节；第二，别去看那些枝头上很大很红很漂亮的，那些不是你的，你想都不要去想。如果你能在万绿丛中找到一个藏在深处，个头比较大且能够到的，那么就赶紧摘下来，回去偷着乐吧。

以此纪念我跌宕起伏的职场和爱情。

在我做健康油项目的时候，就像个早熟的石榴，充分展现着自己超强的生长力，却忘了游戏的规则——成熟比成功更重要。当我们面对周围人种种或嫉妒或不屑或不怀好意的评论时，最好的办法就是一笑了之。

小八卦

维多利亚走后，接替她的是一个加纳女人，很胖，是个黑人。她家里是当地的贵族，从小在欧美受精英教育。她给我们讲过一个故事。她是在一个有五个女儿的家庭里长大的，所以从小就听惯了女孩子之间的各种评论。有一次她在百事研发出了一种可以控制体重的饮料配方，并申请了美国专利。这件事传到了加纳，几乎轰动了整个国家。当她回家的时候，一个妹妹毫无忌讳地指着胖胖的她就跟全家人说：“你们看看她的体形，像是能研发出控制体重配方的人吗？”她说，生活在这样的环境里，让她从小就免疫了别人的评价。“It is what it is（事实就是这样）”是她的口头语，甚至在她办公室里还立着个刻着这句话的小牌牌。维多利亚挂在嘴边的“Nothing impossible（没有不可能）”教我们追逐梦想，而“It is what it is”这句话教我们面对不完美的现实。

而其实真正做到这么坦然，并不是说起来那么简单，需要的是修炼。就在《别告诉我你懂PPT》出版之后，开始连三星的评论我都觉得是个差评，心里很别扭。就好像当妈的总觉得自己的孩子天下最可爱，结果碰上一个不识趣的，说了句客观的实话，就特受不了。后来又看见有竞争对手来捣乱，一天内，来了N个没买书就给出的一星差评，我那个时候真是难受得不得了，觉得很委屈，还为此辗转难眠，想如何抓住对方报复回去。后来随着书的热卖，评论量大了起来，好评多，差评自然也多了起来。给差评的有真正的读者，也有捣乱的，我慢慢地学会了面对。学会了从差评里找到有用的信息，它们帮助我形成了这本书的思路。我更高兴的是看到自己有很多栗子面，很多知音。他们教会了我面对不同的评论，走自己的路。

3 E-mail吵架，星巴克解决

我们的薯片样品还在海上的运输途中。大家终于有了一个喘息的机会，而我和瓦丽的矛盾也终于爆发了。

趁着这个运输的间隙，我坐下来，认真地算一算预算和实际花费的差别。经过验算，我之前的预算还真挺靠谱，差别很小，1%都不到。下一步就是要算一算泰国额外的样品需要承担多少费用。我一项项地加起来，算下来大概是8000多美元。

我把一个详细的清单发给了瓦丽，同时抄送给了我们俩各自的老板。很快瓦丽回了一封信，列出了几个她认为不该由他们负担的项目，大概是4000美元，当然同样抄送给了双方的老板。我一看就气不打一处来。“给我们惹了那么多麻烦还没跟你算账呢，居然这时候还跟我斤斤计较！要不是你瓦丽要这要那，要300%的富余量，我们哪需要那么多样品花这么多额外的费用？别以为我好欺负，该你付的，一美分都少不了！”我心里想着，一封E-mail把瓦丽给顶回去了。

就这样，我们俩你一封我一封地打起架来。每封都不忘了分别抄送给两位老板。结果没想到两个老板谁也不说话，就看着我们俩闹，来了个坐山观母老虎斗。搞到后来，我只要一看到Outlook上面蹦出“瓦丽给您来信”的提示，就先有一团怒火堵在心口，俩字形容：抓狂。如果像我这样脾气的人真的有良心发现，那一定是抓狂到极点的时候。有一天我实在受不了了，觉得这样对峙解决不了问题，只能让矛盾升级，就打算委屈一下自己，妥协算了。我主动给瓦丽写了封信，邀请她去楼下的星巴克喝咖啡。这招是跟马克学的。我生活上遇到什么麻烦，他经常带我去星巴克坐坐，谈谈心。办公室不是激发创意的好地方，它也同样不是化解矛盾的好地方。

请瓦丽喝咖啡的信我没有抄送给她老板，却暗抄送了马克。不到一分钟，马克跑到我办公室，冲我挤了下眼睛，伸了个大拇指，可爱地笑笑，没说话走了。虽然得到了马克的支持，我却被瓦丽蹦出来的E-mail无情地婉言拒绝了。我知道她是故意的，还在生气。我没有放弃，打电话邀请了她。她只好硬着头皮接受了。本来她坚持要自己付咖啡钱，我还是抢先一步帮她买了。

我们找了一个角落坐下。我问她：“瓦丽，我想知道这8000美元到底对你们组意味着什么？”“栗子，我们今年的预算非常紧，而且项目又多。这个项目我们做预算时没有做进去。因为当时我们以为所有的费用都是由你们亚太区来负担。但没想到项目范围被缩减了，而我们真的对新口味开发部分非常感兴趣，所以我才多要了这么多产品，花这么大工夫来做的，而费用都要从别的项目里生挤出来。”“但这些费用项目都是我们之前谈好的呀？”“是，我知道，我也已经和老板沟通过了，看看总体预算的情况。但我标出来的那几项，如果你们能帮我们付了，我们会好交代很多。”瓦丽也是一脸的无辜和疲惫。我也明白了她的苦衷，毕竟各个地区的预算不像我们亚太区这么宽松。我话锋一转：“瓦丽，其实你知道我，我们不是第一次合作了，我觉得我的性格很不适应泰国的风格。你能给我点建议吗？”这句话吓到了瓦丽，她一时不知道说什么好。虽然她也是华裔，但毕竟是在泰国土生土长。她也看到了很多次我这样的雷厉风行给项目组带来的益处。只要任务交到我手里，从来不会让研发部门挨批。但她也知道，我这样的风格和这里“温馨和谐”的大环境显得有些格格不入。

瓦丽抿了口咖啡，想了想，她说："栗子，你知道吗，对我们泰国人来讲，工作挣钱不是生活中占第一位的，在我们看来，最重要的事是享受生活。我们家兄弟姐妹一共十个人。按理说我应该在家照顾生意，然后由父母分配我们的收入。这是泰国很多华裔的生活。我刚刚留学回来的时候，不想在家经商，父母托关系让我进了政府部门做公务员，很多人羡慕得要死，但是在那里天天上班就是比爸爸。后来我辞职了，我现在觉得自己很幸运，可以到百事这样的外企来上班。但在这种美国公司待久了，不光是你，就是我，也变得风风火火起来，也时不时地觉得自己已经和泰国的风格有些格格不入了，思想斗争得厉害。在泰国，大家都努力保持平和的心态，每个人都是保持微笑的。"说着，她给我指了指楼下暴晒在烈日里的一辆印有"Land of Smile（微笑之邦）"的旅游大巴车，继续说，"佛教育我们宽容所有的人，不会去逼迫谁做什么，而是通过微笑拉近彼此的关系，而这种关系恰恰能让大家一起快乐地工作。"

原来我缺的是微笑！瓦丽一句话点醒梦中人。我才注意到，自从我做这个项目，天天就像个铁姑娘，板着张脸，板得眼角的鱼尾纹都淡了。就在和瓦丽聊天前一天，我还以为是我最近尝试的一个眼霜起了作用。而那天晚上回去，对着镜子才发现，真正的原因是自己好久没笑过了，往往话还没说出口，眉头就先拧起来了。我心想，在泰国团队心目中，我不会就是戴希蕊第二吧。我后来听一个和尚讲，他经常注意看人的面相，很多人老皱眉头，最后眉头会有一个深深的印，这样的人心态不好。长相是天生的，但面相则是后天养成的。多亏那天瓦丽跟我聊了，要不我也会在眉头上留一道深深的印的。

星巴克里舒缓的音乐、懒散的沙发和一杯香浓的咖啡，化解了我和瓦丽好长时间以来的矛盾。其实我是个蛮简单的人，我宁可要一场畅快淋漓的争吵，也不喜欢阳奉阴违的客套。所以，我可以和瓦丽不打不成交，我可以尝试去理解戴希蕊的蛮横，但我就是受不了凯特当你面时假装说出来的溢美之词。我理解了在瓦丽无数的“不行”背后的思考和焦虑，明白了文化差异给人的影响，也明白了放下情绪沟通的重要性。没过两天，瓦丽送了我两张他们组发的电影票，我们俩就像为了抢玩具打架的小孩子一样彻底和好了。那天我从星巴克高兴地回到办公室，也特意经过老板门口，冲马克挤了下眼睛，伸了下大拇指，笑笑!

后来泰国团队支付了所有8000多美元。而其中被我俩推来搡去的也不过是4000美元，等我平静下来，才意识到这4000美元对整个项目的预算还不到2%。斤斤计较的不是瓦丽，而是小心眼的我。

4 全是E-mail惹的祸

也是通过这件事，我对办公室里的E-mail有了更深刻的感受。有人说人和人交流30%靠的是内容，70%靠的是语气。E-mail这个没有语气的东西，经常搞得大家不开心。尤其在外企，大家动不动就要用英语写E-mail，因为不是母语，很多时候把握不好语气，特容易得罪人。有几种办公室E-mail是最可怕的：

1. 大家一个办公室坐着，有个屁大点的事都不直接张口问，还要假模假式地发封E-mail，追求所谓的白纸黑字、有据可查，同时抄送给老板，以显示自己是多么的职业。这种属于找抽型。

这样的E-mail非常容易导致对方的对立情绪，情绪上来了，什么话也都出来了，就很容易引发冲突。结果往往就是双输。大家都是成年人，这种小孩子吵架告诉家长的把戏还是少玩为妙。我前面说的我那个朋友和销售之间的故事，就是非常典型的这样的事件。

那么什么时候应该抄送给老板呢？

A. 两个人达成一致了，需要老板帮忙争取资源执行的时候才抄送；

B. 重大事件或决定，需要老板点头或帮忙的时候才抄送。

我和瓦丽吵的这架就有点类似的问题。当时以为自己已经和瓦丽事先沟通过了，但自己并没有告知过瓦丽具体的数字，而且态度不好，所以导致了瓦丽的对立情绪。正确的做法是：我应该和瓦丽约个会，面对面一对一地把具体的情况说清楚。两个人能达成一致的地方通过，达不成一致的地方列出来，再找老板沟通。总之，这件事是我开错了头。

2. 一个人组织一个活动，需要大家的建议，结果一百个人全都回复所有人，邮箱很快爆掉。这都是无聊的人干的。这种属于没事闲的型。

我们请工厂吃饭的邀请信基本上就属于这个类型。我们一封信发出去，一下子收到十几封回复所有人的信，都是关于去还是不去，去哪儿，怎么去，那儿什么好吃等的E-mail。我后来知道了Outlook有个投票的功能。通过一个简单的投票，就可以避免这样“子子孙孙无穷匮也”的E-mail。

3. 光要东西，不知道客气。这种属于没家教型。

《别告诉我你懂PPT》出版以后，为了回馈读者的支持，我在博客中告诉大家，如果给我写信，我就会送他一份书中部分动画的动画揭密的PPT。后来，我每天都会收到很多信，只有一封信我现在也没有回。信的全文如下：

Liz，I want PPT.（栗子，我要PPT。）

我并不指望他把我夸成仙女，但起码的一句thanks（谢谢）还是要的吧！我一本书挣的还不够一根糖葫芦钱，我并不欠他什么。所以这封没家教的信我到现在也没有回。

记得有一次，我们组出去吃饭，我让马克帮我把桌上的盐递给我，我只说了句：“马克，盐！”马克像教育他的小女儿一样说：“请说Please（请）！”

我这才意识到自己太生硬了，学着《怪物史莱克》里那种最会装无辜的猫的眼神，拉长了声音说：“Ple–e–e–e–ase！”

同样的话，用不同的语气表达起来，就会有截然不同的效果。E–mail中少用祈使句、惊叹号，多用些“请问”“可以吗”“谢谢”“不好意思，添麻烦了”之类的词，就会减少很多麻烦。

4. 一个人与另一个人来回了几十封E–mail，忽然转发到我这里，只写了一句话：栗子，based on the discussion below，please give some comments！（栗子，基于下面的讨论，请你给点建议！）这种属于“您还是杀了我吧”型。

有一个和我合作的澳大利亚人每次发来的信都是这样的。每次接到他的信，我都得倒杯茶，提提神，再坐下来，深呼吸，稳定一下情绪，然后从头开始看。开始几封就是跟另一个人打招呼，问问情况，接着两封信开始说点正事，接着话锋一转有了问题，于是开始讨论问题，问题越来越细节，中间可能人物还会发生变化，最后到我这里就是其中的一个问题要我给答复。每次我都像看侦探小说似的，但经常看不明白到底问我什么。最夸张的一次是发到我之前一共有三十二封他们之前三个人来回的E–mail。我看到一半就崩溃了，回了句：“I am totally confused（我彻底晕菜了。）”信发出去了，我感觉到自己语气不够好，就赶紧追了一个电话，问清楚到底怎么回事。对方也说：“呵呵，可以理解。”他详细地把背景给我交代了一下，我这才明白，原来只要一份简单的数据，但我在一封封看信的时候，真的觉得还不如杀了我。

5. 以为自己人缘多好，群发E–mail要帮忙，结果还不会说话。这是高估人品值型。

我们一个同事，刚从外地来北京工作。平时大家做点什么工作，他老爱瞎掺和，还特爱挑刺，为此谁都不爱答理他。结果有一天，他老人家给大家群发了一封E-mail："我想和老乡们去踢足球，请问附近哪里有场地？"这其实没什么，最可气的是下面还有一句话："说明一下，我不是想组队，我只是想知道哪儿可以踢球。"大家都纷纷把这封信删了，下面嘀咕着，这家伙太高估自己的人品值了吧。

6. 其他小毛病：

A. 滥用重要性"！"标志。有的人发信，每封信都标一个重要的标志"！"。这属于没事就玩"狼来了"型。您得分清楚轻重缓急。如果是发的搞笑的东东，"一定要转发十个人才不遭报应"这类的，或者什么促销信息、团购广告，最好发到私人邮箱，而不要用工作邮箱，否则就请标上低重要性的箭头。只有5%不到的E-mail是真的需要标成重要的。

B. 不写主题。这事我开始也干过。一次给马克发了一封信，结果一周没有回音。我就跑去问他，他说没收到呀，我就告诉他我是哪天发的，结果一看，是我没有写主题，他压根就没往心里去。后来我就长了记性，写E-mail一定要有主题。

C. 所有E-mail都设有接收回执。戴希蕊就是这么把大家搞崩溃的。她发出来的大大小小的信都带有这种回执。一旦有一个E-mail里交代的小事没做，她就会"啪"地拍一封E-mail在你桌上，呵斥道：我某年某月某日某时给你发的E-mail里的事你没有做。天长日久我看见她的信就皱着眉头不想点开，觉得说不定哪天这封信又成了她的呈堂证供。

所以，综上，E-mail是用来交流的，而不是用来打小报告的；E-mail是用来发送文字性的记录的，而不是用来做呈堂证供；E-mail是免费的，但不是可以乱发一气的；E-mail是为了求人办事的，而不是用来斗气的。小小的E-mail，体现了一个人的教养和风度。宽容的人的E-mail总是充满了感激，给人带来快乐；而相反，则会让情绪压倒工作。

5 用Outlook把凌乱的测试归拢得井井有条

健康油项目最难的部分已经过去了，似乎接下来的事情都是按部就班的测试。项目都有这样的特点，在项目计划的时候，大老板对项目的影响力最大，随着项目的进行，影响力就越来越小。等项目进行到现在这个份上了，就属于生米煮成熟饭，生土豆变薯片了。我们能做的只有听天由命、默默祈祷，但愿这些薯片能挺过六到九个月的保质期。在后续的跟踪测量中，一共要测十五种参数，有的每个月一测，有的两个月一测，分别在泰国和中国试验室做。消费者调查也是在两个国家分别做，但两边的时间不太一样。同时，专家测评的报告在曼谷的亚太总部统一做，两个月一次。这些安排都是试验前经过无数的电话会议讨价还价后最终确定的。所有的测试样品要提前两天从库房运到试验室，再有一天准备。由于参与测试的人很多很杂，我负责给泰国这边所有参与的人开会，小邱负责中国那边的会。类似在工厂测试时候做的说明书，我拿出了一个大大的日历，告诉大家每个时间点，都要测哪些数据。我以为我都说得很明白了，但看到大家茫然的眼神，似乎懂了，但更似乎没懂，这叫我怎么能放心呢？每个点对我们都是错过这村没有这店，这可怎么保证不出错呢？

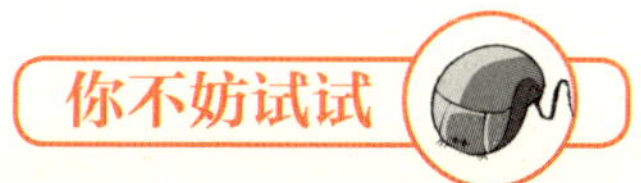

我给所有相关人员按照各自负责的部分发了N个量身定制的Outlook的提示。每一个测试都有三个，分别是取样、测试和出报告。这样大家不必操心别人的，而只要看到提示完成自己的行动就可以了。我之前先发了一个E-mail，告诉大家，我将发很多的提示，你只要全都接收就可以了。我发出的提示恐怕有无数条。每个试验项目的负责人大概接到了十分之一，小邱和瓦丽每人大概各收到一半。而作为项目经理的马克只收到了四个，分别是四个重要的时间点的里程碑。这样从最宏观的马克一级的，到最细节的试验室的，我都一口气安排妥当。

同时，我在E-room里开设了五个文件夹，这五个文件夹的权限只开放给了相应的测试负责人。每当Outlook蹦出交报告的提示，我就像个采蘑菇的小姑娘一样，兴高采烈地到E-room里逛一圈，然后把所有的数据集中到一个Excel表格上（当然啦，对Excel高手，这个功能可以更简单更快捷地完成，可惜我不懂Excel，期望高人指点）。这个表格只对五个项目核心人员开放，但他们四个都是只读格式，只有我可以修改，目的是确保数据不会被不小心更改。

6 信息发布要同一个团队同一个声音

时间一天天过去。第一个好消息传来了。正如我们期待的：经测试，消费者分辨不出两种新油同现有的油炸出来的薯片有任何口味上的差异。如果新油的薯片可以挺过保质期，那么我们的测试就完胜了。接着，一个月一个月地过去，三个月了，我的综合表里面已经填了很多的数据。各种信息显示样品一切正常，相安无事。

但正当大家自信心膨胀的时候，四个月的时候，终于出了点状况。泰国油测试样品的理化指标中有一项到了警戒区，接近了红区。我们都把心提到了嗓子眼，这离我们的保质期还有一半时间呢，难道我们的项目要夭折？我们召开了紧急会议。第一件事就是要确认，样品是不是真的能吃出区别。我准备了六个盘子，分别是三种油的参照样和存放了四个月的样品。每个盘子上只有一个随机的标号。这个号只有我知道所对应的样品。马克第一个挨着尝了一遍。我用期待的眼神眼巴巴地瞪着他。他一扭脖子，一皱眉头：“嗯？！”“怎么样？”我紧张地问。“好吃！”马克一个鬼脸，冲我笑笑。“别闹了，这次不开玩笑了！”“我没吃出区别。你们尝尝。”我和瓦丽还有其他几个试验室的小姑娘凑过去，闭着眼睛仔细地咂摸滋味。“我也没吃出区别。”大家都这么说着，我才把心放回肚子里了。虽然这不是一个专业的正规的测试，但这至少给了我们底气。

接着，我、瓦丽和马克留下来，拨通了黄志和小邱的电话。到了项目的尾声，我们的电话会议变成了有事才召开。我首先通报了近一段时间内测试的结果，又说了由于有一个参数接近红区，我们作了一个简单的品尝测试，至少我们几个都没尝出区别。但这给我们发出了一个警告，也许真实的保质期就在未来的一至两个月内，要注意观察。我们要求专家品尝测试团队为我们加了一个测试。马克要求在他们的测试报告出来后，得到项目团队认可前，不得对外发布信息。

很快，专家测试的结果出来了，十二个人里面有两个人发现现在用的油的薯片对比标准样有轻微的差别，而两种新油的没有任何问题。但是依照我们的经验，如果这个参数有这样大的区别，非常敏感的专家团队是应该能够尝出区别的。问题出在了哪里？如果我们把这样的数值报到总部，肯定会迎来一堆质问和拍砖。但我们觉得样品没有问题，那么究竟是怎么回事？我曾经被马克叫做谷歌小姐，就是因为我特别能在网上“钩”东西。这回我又拿出了我的看家本领。我去读了很多关于这种油的研究文献。自从毕业以后，很少这么啃文献了，真的要感谢导师们的训练。想起马克告诉我百事这里没有高科技，其实这里不乏对高科技的实际应用，更少不了科学严谨的作风。

小八卦

最近看到很多关于学术作假的报道，让我想起了我在清华的日子。导师谢续明教授是出了名的严谨，他对学生毕业的标准并不是发表多少文章（我们一般都会发表比学校要求多得多的文章数量），而是你是不是有信心面对日后的挑战。曾经有个师兄，研究生第三年读到一半的时候，已经找到了一份很好的工作，如果半年内毕业，正式加入公司，就可以分到价值不菲的原始股。但当他提出提前毕业的要求时，被谢老师坚决地拒绝了。据师兄们传说，当时这位师兄气呼呼地把装满试验原料的小盆摔到了地上，而谢老师自己的说法却是：“他轻轻地把盆放到了地上。”好啦，不去追究无法还原的事实真相了。总之，这位师兄没有提前毕业，而是又做了半年才毕业，经济损失惨重。但谢老师说：“他当时不能毕业，因为他还没找到自信。”后来，这位师兄工作了几年后，在谢老师的推荐下去日本读了博士，现在回国后在一家500强的化工企业做高管。

所以那些混毕业的学生，作假的老师，你们也许做的是高科技，但你们有信心面对日后的挑战吗？教育的本质是为了那些最终沉淀下来的素质，是为了自信地面对教科书上没有的问题。

由于泰国这种油是一种新开发的油，很多问题都没有搞清楚。关于我们遇到的情况，仅有少量的研究，其中大多数认为这种健康油中的一种特殊成分会对这个参数的测量产生影响，说得通俗一点，就像三聚氰胺可以让牛奶的蛋白测试含量显示得比真实值高一样，只不过这个特殊成分是泰国油中特有的营养成分，而不是有害成分。在工厂测试的时候，我们也发现过泰国油的这个指标比其他两种油都高，只不过当时都在绿区，大家没太介意。所以这个偏高的参数测量值是个假象。我们应该对这个产品的该参数的测量方法进行修正。瓦丽带着她的团队，又奋战了一个月，研究出了针对这种油更准确的标定方法，确定了我们的产品没有问题。这下我们才把七上八下的心都放回了肚子里，马克代表团队踏踏实实地发出了最终结论：四个月顺利通过！马克的一小句，宣告了我们项目的一大步。这已经是百事全球创纪录的健康油保质期了！

在接下来的几个月里，我们越来越频繁地遇到了各种奇怪的数据报告。但是我们已经有了经验。我能够游刃有余地在面对各种反馈的时候，分出轻重缓急，根据不同的情况采取不同的对策，挖掘数据背后的真相。在每个关键时间点，我会综合所有的数据，给马克一份观点鲜明的报告。就这样，我们的样品又通过了六个月这个重要的关口。最后发现，现有的油炸的薯片保质期和两个国家现在包装上标称的是吻合的，而两种新油的保质期居然比现在用的油还长！这对我们是个莫大的惊喜！其实说是惊喜，不如说是欣慰。

随着项目进入尾声，我们这几个原本一根绳上的蚂蚱，又各自分头去忙其他的项目了。大家很少有机会再聚在一起。连老板批准的再腐败一次都没有机会吃到嘴里，就更别提最后的庆祝了。项目就是这样一个东西，它是一种缘分，让你被动地和你喜欢或不喜欢的人一起共事。喜欢的人成了无话不说的知音，不喜欢的人很可能成为死对头。项目是一个必散的筵席，但经过这场洗礼，你总会多少变得不同，你的队友也会在你的心里有完全不同的印象。而对我，过去的已经过去，所有的酸甜苦辣也不过是过去时。真正影响我的是这样一个项目带给自己的全新思考。

第九章

不想说再见

不当女强人，我要的是工作与生活平衡

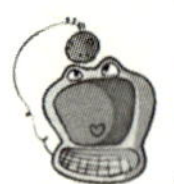

1 看到年终测评结果我哭了

当健康油项目进行到第二年的时候，2月底，我们的薯片刚刚渡过四个月的关口，我们也迎来了百事一年一度的年终测评。在这之前，马克要求我们每个人给他发一个合作人的名单，他好采访一下，方便给打分，这算是一个非正规的360度吧。我信心满满地给了马克一份很长的咨询名单，当然小邱、瓦丽、黄志都榜上有名。我有信心大家不会说我的坏话。其实打分这事一定要想开了。自己给自己打多少分都没用，关键是领导们给打多少分，应了那句话：说你行你就行，不行也行；说你不行你就不行，行也不行。尽管马克总是嘱咐我，给自己写评语的时候千万别谦虚，但我早就不看重这些了，总觉得只要尽力了，就不会比别人差。在百事的系统里，分数是1~5分，完成任务只给2分，大多数人会得3分。我刚进公司的时候，觉得我一定要去拿那个5分，但现实告诉我，只有很少的人能得到4分，5分几乎就是痴心妄想，不过是摆个样子给人看的。我也看破红尘般地认为很多东西是嘴上说说而已，千万别当真，比如职业发展规划、工作与生活平衡、工资连跳三级等。这些不是没有，但就像总有人中500万的彩票一样，只是小概率事件。这并不是说HR说瞎话，而是广大的上班族需要“减肥药效应”的鼓舞。这个名词是我原创的，为什么叫减肥药效应，而不叫“榜样的力量”呢？在我看来减肥药更贴切，因为卖减肥药的总是说，某某吃了这个药减了多少斤，这个方法多么科学，但总会垫一句，具体到您能减多少，要看个体差异。公司里总有一些爬得飞快的人，他们或者是维多利亚那样的超人，或者有卡罗斯那样人见人爱的魅力性格，或者有戴希蕊那样莫名其妙的狗屎运，再或者是凯特那样懂游戏规则等，如果平凡的、没有后台的、长得比恐龙强不到哪儿去的我信了公司的这些宣传，只能让我在比较的痛苦中疼死，在现实与梦幻的乌托邦公司之间吊死，所以我选择悲观，好让自己不失望。至于分数，就我的理解，那是个曲线分布。组里肯定会有人给2分，也肯定会有人给4分。我上一次得了4分，这次估计得个平均分3分就差不多了。

讲评那天马克郑重其事地找到我，把他办公室的门一关，拿出我最后的审评结果看看，又冲我笑笑，告诉我："栗子，你去年的评定得了5分（极为杰出），亚太研发唯一的5分。"我一下子愣住了，傻眼了，这是一个我一直认为摆样子、不存在的分数，居然落到了我的头上。我哭了，终于理解了什么叫百感交集。虽然他不是第一次看我哭鼻子，但马克还是吓了一跳，说道："我从来没见过得5分还哭的。"他不知道，我本来是想来跟他谈辞职的。

2 一只手是满的，一只手是空的

在百事的工作是快乐的，是人生中一段难忘的故事，但在曼谷的生活却是孤独的。有人说：在国外是好山好水好寂寞，国内是真脏真乱真快活。这句话一点不假。我以为从美国来了泰国，离家近了会快乐一点。但是除了回国的日子，我总是孤独寂寞。与在美国不同，在那里我是一个如饥似渴的学生，学语言、学文化，在中国留学生里，我是和美国人接触最多的一个。但当我到了泰国，我排斥它的文化，排斥它的语言，甚至坐在泰航的飞机上都觉得晕。在泰国的三年多里，我没有怎么出去玩过，却永远觉得自己是个游客、看客、过客。每逢周五下班，马克会到每个办公室跟大家说：周末愉快！而每次走到我这里，他只是对我挤一下眼睛。他知道我不是工作狂，但我却更喜欢工作日，因为好歹我不会孤独。

每个周末，我就静静地待在我的大房子里，把自己一个人关在书房，在网上跟朋友聊天。抓住谁，谁倒霉，非要聊得人家不得不说“我要去吃饭了”、“我要去睡觉了”才肯罢休。书房里的窗帘永远是紧闭的，以隔绝外面骄阳似火的桑拿天。我不喜欢这里。这里一点儿都不像迪斯尼，半点儿都不像。我认真地思考过我为什么不喜欢泰国这个问题，后来我把它归结于我骨子里的贱骨头，宁可和人平起平坐，也不愿意被捧着。在美国，讲究的是平等。举几个例子：比如你去饭馆吃饭，或者哪怕你去沃尔玛买最便宜的东西，服务员也会跟你快活地聊上两句，语气里透出来的是她对这份工作的热爱和满足。这种平等贯彻在每个人心里。又比如有一次，我和导师走在过道里，我习惯性地走在他身后。他扭过头来对我说：“不用走我后面，这里是美国，不是中国。”我很喜欢这种平等的尊重。导师有个老对手，也是他的老朋友，是美国工程院院士，当年就已经八十五岁了。他每年会开着自己的车，从波士顿南下到亚特兰大来我们学校做几个月的访问学者。每次给我们做报告都是干瘦的老人一肩背着笔记本（当年的笔记本比砖头还沉），一肩背着投影仪（投影仪比笔记本还重）。所有的学生只是一旁看着，不会主动去“照顾老弱病残”，因为独立自信是这个国家的传统。一次看到一个腿摔坏的人费力地用手撑着轮椅，我只礼貌地问了一句：“你还好吗？”对方笑吟吟地说：“没问题！”我也微笑地说：“你够猛！”有一年夏天，前面提到的这位院士在我们学校待的时间很短，一打听才知道，他是要继续南下，到美国的最南端Key West（基韦斯特市，那里已经可以遥望到古巴）帮一个朋友盖房子，挖地基，这在国内可是民工才干的下贱活。这就是美国可爱的地方，他告诉我，你不比别人低，同时也告诉我，你也不比别人高。

而在泰国，人们首先学会的是谦卑。泰国人见面打招呼的时候，要像弹簧一样微屈一下双膝，同时双手合十，低下颌，指尖的位置根据对方的地位固定在从下巴到眉间相应的位置。很多人说泰国是世界上服务最贴心的地方，更有很多中国的游客“惊呼”要让中国的服务行业学习泰国的微笑服务。但我却一点也不喜欢这种服务，它的基础不是平等，而是低三下四。就连泰国人引以为荣的“东南亚唯一没有被殖民过的国家”历史，也是凭借着“欢迎所有侵略者来安营扎寨，从而各派都拿这里当后方”换来的。而代价就是，直到今天，还保留了战争时期服务各国士兵的红灯区，只不过现在伺候的是各地的旅游者。我总觉得，如果人把自己看低了，别人是不会高看你的，所以，我不喜欢泰国给我的感觉，尽管我天天被当做外国人捧着。我承认这是我的偏见，甚至偏见得有些过分。

但我真的喜欢百事，喜欢跟着马克。这是我之所以能在泰国待这么长时间的唯一原因。马克对我有知遇之恩。我后来明白了为什么我这样一个在别人眼里不好管的人，居然在他手下服服帖帖的，因为他是伯乐。对于一匹千里马，会养马的人给它饲料，养得膘肥体壮，而识马的人则给它空间，让它驰骋。一匹好马，放在哪里它自己都能找到草料，但不是谁都能给它驰骋的机会。这是千里马的幸福，它有选择的空间，也是千里马的悲哀，因为伯乐难求。

我挣扎了很久，也和马克谈过很多次。他希望我选择位于上海的百事中国，那里也有很多我的朋友，但是我就是想回家，开始新生活。

3 用打分选择新东家

当健康油所有的测试项目都完成的时候，我手里也已经有了几个北京的录用通知。北京不比上海，大公司的机会太少。我拿到了四份通知，有国企、民企、外企，可没有一个在工作上能和百事比。但我知道自己回北京是为什么。

同时，健康油项目激发了我对项目管理的兴趣，我特地报名参加了那年6月底在北京的美国项目管理师（PMP）的考试。在学项目管理的时候，我学会了用打分和权重的办法选择项目，这次我用它来选择我北京的新工作。

你不妨试试

首先要建立一个打分系统。这个打分系统体现了个人的价值观。比如对我而言，我最希望能有一个平衡的生活，本着工作与生活平衡的原则，给生活和工作各50分。在工作上，主要包括工资、老板、公司文化、升职空间等。在生活里，我包括了公司的位置、休假天数、公司福利等我认为最重要的因素。很多人问我，为什么工资只占20%？我说："对我，它就占20%，这已经是工作这50分里最重要的一项了。而对别人，它可能占90%，也可能占10%，这就是价值观呀。"通过打分，最终我选择了公司A，虽然工资跌破发行价，就是和其他几个公司比起来，这工资也不算高，但综合考虑起来还是相当不错的。

		百事	公司A	公司B	公司C	公司D
工作	工资（20分）	20	12	15	20	8
	老板（10分）	10	7	8	5	9
	公司文化（10分）	10	7	5	5	8
	升职空间（10分）	10	5	5	8	10
生活	地点（20分）	0	20	15	10	20
	休假天数（10分）	10	8	5	5	5
	加班出差（10分）	5	8	0	0	3
	保险福利（10分）	5	5	2	2	5
	总计	70	72	55	55	68

尽管看上去用数字说话一目了然，但哪些因素占多少分，每个公司各项应该如何打分，也是一个非常纠结的过程。哪怕当分数摆在面前了，我都问过自己无数遍，难道真的要跌破发行价吗？栗子，你这样还能有未来吗？

那是5月28日，我们的健康油项目刚刚完成。我觉得自己想明白了，没有后顾之忧，可以辞职了，这是一个完美的句号。但我想得太简单了。公司A要我6月底报到，职位是前一天才最终谈好的，我需要提前一个月和百事打招呼辞职，所以那一天是我提出辞职的最后期限。但不巧的是马克出差了，我没有办法，只得很不礼貌地给马克发了一封信：

亲爱的马克：

我想这封信对你应该并不突然，我要离开百事了，你知道背后全部的原因和我全部的不舍得。我知道没有当面提出辞职非常不礼貌，但是因为时间关系，我只得给你发E-mail。正式的辞职信在你周四回来的时候，我会当面给你。谢谢你为我做的一切，我最好的老板朋友！

你的拉拉队长，栗子

辞职信曾经在我肚子里打过无数遍的腹稿，但没想到最后这份如此的简单。

小八卦

我有一个清华的师兄，博士毕业后拿到了一家500强的化工巨头外派德国总部的职位，年薪八万欧元。没过两年回到在上海的中国总部，年薪变成了二十万元人民币，一下子变成了四分之一。又过了两年，他实现了梦想，回清华做副教授，月薪五千元人民币，扣掉学校分的宿舍房租和四险一金，居然只有三千多元，还没他做博士后的夫人拿得多。

他给公司上海总部提辞呈前的那个周末，我正好在上海出差，找他玩，给他带了点我头一天腐败时没吃完的剩菜。我小心地递过漏着油的装着饭盒的塑料袋说："挺好的菜，别浪费了。"他也欣然接受，说："正愁没得吃呢。"所以我总是用"可以拎着剩饭去串门"来形容我们俩的交情之铁。他那天兴致勃勃地打开电脑给我看他激动得一宿没睡，早上五点半爬起来写的辞职信。结果没想到我一看，赶紧让他重写。他写的都是公司多么不公正，对本地员工和外国外派的员工待遇差别太大等。我告诉他，所有的公司都是一样的，百事的HR问我的第一句话不是我是哪个学校毕业的，而是我拿的是哪个国家的护照，从此，我所有的工资福利都跟我的国籍挂钩，从来没和老外们享受过啥"同工同酬"的待遇，而且这状还没地方告去。这是我们无法改变的，更不应该在辞职信里出现。喝酒的时候可以随便发发牢骚，但辞职信要给双方面子、给台阶，说些感谢和保持联系之类的客套话。师兄这才恍然大悟，说幸亏我今天来了，要不就这么发出去了。看来清华博导也有犯傻的时候。去年这位师兄已经晋升为博士生导师，每年还和这家公司有很多合作项目。

师兄的信里说的情况我完全理解，他的感受代表了很多外企人的心声。百事有没有不公正？有！有没有种族歧视？这个不敢说有，因为如果有，在美国这是天大的罪过，但我说有差异。这不是百事的特点，不是跨国公司的特点，不是任何公司的特点，这就是职场，这就是人生。我们无法追求公平，但可以追求快乐；无法苛求完美，但可以决定取舍。于是，我做了决定，铁了心离开我热爱的百事和我的伯乐。可计划总没有变化快，还没等马克出差回来，事情就有了变化。

4 大老板来电：栗子，给我一个月时间！

怀着惴惴不安的心情，第二天收到了马克的一封超简单的回信：“谢谢你通知我。周四回来我们再谈。”看来我要在不安中熬过三天，不安不是说我的辞职，而是我真的不知道用什么样的表情来面对鼓励我培养我三年的老大。

刚收到马克的信，没过一会儿，秘书找到我：“栗子，你家里的电话是多少？维多利亚说晚上要给你打电话。她语气有点怪，有什么事吗？”“哦？不知道呀，怎么想起找我了呢？”我还故做镇定，但我已经猜了个八九不离十，不过哪阵风让她这个大忙人想起我来了呢？秘书知道我没有手机，她曾经诧异得下巴都要掉了：“这个年代居然没有手机？我儿子的同学都是人手一个！”“因为没人给我打。”在曼谷三年多，就这样过来了，生活在一个与世隔绝的透明罩子里，自己也觉得不可思议。

正在这时，一封公司群发的E-mail蹦了出来：“重要电话会议：全球研发电话会议，有重要的事通知。”信就这么简短，没有透露出半点会议内容。大家都纳闷起来，出了什么事？喜欢八卦的人已经开始各办公室串着打探机密。全球研发电话会议这是从来没有过的。时间是曼谷时间第二天晚上九点。我觉得既然辞呈都交了，这种会也就跟自己没有关系了。公司的重要事情还是少知道为妙。干脆直接给删了。

第二天，晚上下班前，我打印好辞职信，签上名字，装入一个印着公司logo（标识）的信封里，放到了马克办公桌的键盘上。我当时有些心酸，觉得马上要和我生命中最好的老板说再见了。公司里的其他人还在揣测着晚上会议中各种可能或不可能的事情。我却看似一身轻松地下班回家打包行李。

破家值万贯。这家里没有一样值钱的东西，却有很多我不舍得扔的破烂：我在美国参加比赛时印有我名字的大会议程，胶条已经掉了的青春无悔的硕士帽，健康油项目组的T恤衫，结束美国培训时候，奇多组送我的小奇多豹子。这些我一辈子也再不会用一次的东西，却成了我的宝贝。看着它们，我傻呆呆地坐在那里，一个无数人问过我无数遍的问题开始在问我自己：你为什么要离开美国？你真的要离开百事吗？回国真的对吗？

“铃……”我的电话几乎除了打错的就没响过，这次我知道一定是维多利亚。“栗子，我是维多利亚，最近怎么样？”“你好，维多利亚，我挺好。”“挺好？但我听说你要走？”“嗯，你知道我的情况，我喜欢百事，但我不喜欢曼谷，我想回北京开始新生活。”“栗子，你知道一小时后全球的电话会议要说什么吗？全球研发要重组了，我要回亚洲了，我要去上海了！我还等着你教我中文呢。这是我上周才知道的，连马克也还不清楚。我只是昨天给他打了一个电话，问起你，他吓了我一跳。我以为是出了什么事。栗子，我在很多家公司做过，百事是一家非常棒的公司，留下来吧！你会在这里大有作为的，我看好你，我希望把你培养出来。来上海吧，过两年，我送你去其他地方锻炼，你将大展宏图！”维多利亚就像一个魔法师，我最怕受她那“没有不可能”的煽动，但我也在问自己：“我真的想成为她那样的女强人吗？我会喜欢上海吗？我到底想要什么？”“维多利亚，谢谢你。你知道我对百事，对你，对马克的感情，但是，我现在只想回家，回北京，不顾一切地回北京。虽然另一家公司给我的职位和工资都是按百事拦腰砍的，但我觉得，现在对我来讲，最重要的是生活而不是事业。”“栗子，答应我一件事，给我点时间可以吗？

我来帮你安排！答应我！”“我很想答应你，但是对方要求我7月份以前上班，我已经答应了。”“好，一个月的时间！等我消息。我要去准备那个电话会议了。”

电话会议我还是没有参加，但我似乎已经看到了全球研发部门有人哭有人笑的表情。每次的组织变动必然是这样的结果，何况这次动静如此之大。

第二天上班，大家打完招呼，立马下一个问题就是：亚太总部挪到上海，那么我们怎么办？我似乎对这个已经不关心。马克跑过来：“栗子，跟我来。”我当然知道他要说什么。到了他办公室，把门关上，他冲我傻笑起来：“维多利亚给你打电话了吧？”“嗯。”“都说些什么？”我一五一十地说了。“你怎么想？”“马克，首先，我必须说我非常感动。很多人辞职的时候公司都会象征性地挽留一下，而维多利亚那样一个高层，亲自打电话来真的挽留我，我不能说不。但是，我希望在这个时间内对我的安排有个交代。我并不特别在乎她说的那些发展。对我而言现在更重要的是生活。百事不是讲工作生活平衡吗？我现在工作是满的，而生活是空的。我很痛苦。你不是总告诉我马斯洛有五种需求：生理需求、安全需求、社交需求、尊重需求和自我实现需求，只有最下端的满足了之后，才会追求上面的吗？我现在是下面是空的上面是满的。我愿意牺牲我所有的事业去填补我的生活。”“栗子，我从来没有见过一个人被公司这样挽留过。你知道维多利亚对你的态度。好好想想吧！你的辞职信我收到了。无论这个月底你作出什么样的决定，我都当做你今天正式通知我了。我只是希望你快乐，不管在哪儿。”我哭了，再一次在马克面前哭了。从前很多次是委屈，而这一次是感动，是不舍，是矛盾，是斗争，是……

昨天的电话会议对马克自己并不是什么好消息，这个团队恐怕要散伙，搬到上海。我太了解他了，他是不会去上海的。他并没有说他自己的前途的事，而是一再地关心一个已经交了辞职报告的人。

我暂停了打包的工作，变成了一颗红心两手准备。我给北京的公司也实话实说了情况。当然人家不高兴，当然我可能鸡飞蛋打，当然我可以撒谎两边哄，但是我发扬了我最大的缺点，直率！实话实说！我没有利用维多利亚挽留的事跟对方公司重新讲条件，两边我都不讲，这种事我一辈子也干不出来。我就是这么傻！

命运在等待中停滞，而心却是纠结的。维多利亚不可能把安排我工作的事放在优先的位置，人家想起我，我就已经很感动了。就这样，我必须等到6月的最后一个周四，维多利亚来曼谷视察工作的时候才有机会谈我的工作安排。我已经订了周四当晚回北京的机票，去参加项目管理师资格考试。考试的时间正好是6月的最后一个周六，谁也没想到赶上了我辞职。当时订票的时候，我还跟马克打趣说：“单程还是往返？”马克坚定地说：“往返！”

5 打动维多利亚的报告

6月的最后一个周四上午，维多利亚一来办公室，这里就又刮起往日那道旋风。她走到我办公室，就跟我来了一个用力的拥抱。有别人在，她没说什么，只是眼光犀利如旧，好像在说：“看你还走！”九点钟开始，我们组挨个给她汇报项目。我汇报的是健康油的项目。

最初刚开始写最终报告的时候，我彻底抓了瞎，从我们开始工厂做试验，到后面的保质期测量，上千个数据，我可怎么弄呀。这次是代表项目组给大老板们写报告，既要重点突出，又要思路清楚，估计我这PPT达人的名号要毁在这个挑战上了。我呆呆地对着那些数据发愣，看了两天。对我这个“标题党”，好听的主标题在阶段性报告中都用过了，到了最后一个报告，我觉得自己怎么都像头黔驴。一天正在发愣，我忽然间想起了马克给团队起的名字：HOT。我之前只在谷歌里用oil（油）什么的搜过，找到过burn the midnight oil（烧干午夜的灯油）之类的名字，但还没有用HOT搜过。试试看吧，结果一搜发现有个音乐专辑叫hot on the tracks。太棒了，我欣喜若狂。On track，就是按部就班进展的意思，我不妨把整个报告用一个地铁路线图给串起来！我到网上搜了搜人家的地铁地图都长什么模样，就照着一个最简单的，照猫画虎地做了一个。现在看上去好像挺像那么回事的，其实都是我一个短线、一个圆圈地用简单的图形接上的。说老实话，光做这个图，我就做了半天才做好，不过现在还在臭美。

这是我的一个得意之作，但我却经常拿它当反面教材，告诉大家背景不要用水印的图片。这种图片往往经投影仪打出来之后，要么就是白花花的，没有图案，要么就乱糟糟的，颜色太重。所以背景最好选用干净的简单色。

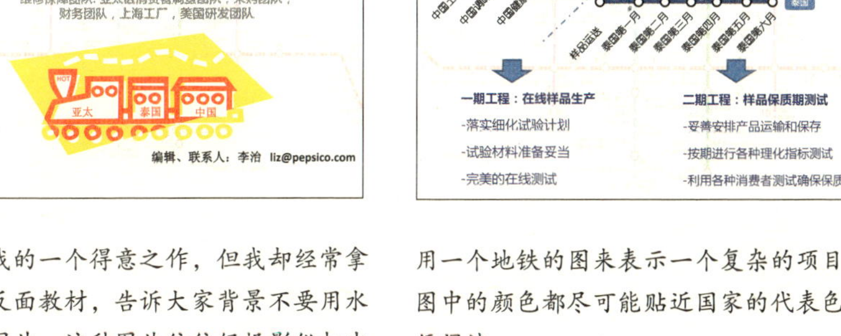

用一个地铁的图来表示一个复杂的项目流程。图中的颜色都尽可能贴近国家的代表色，以方便阅读。

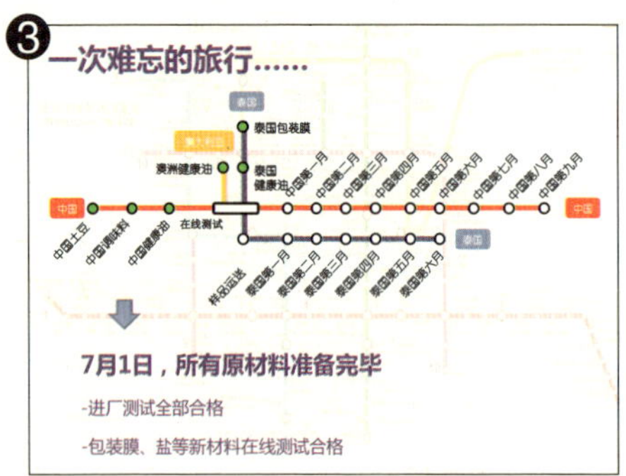

用绿色的点表示经过的站，也就是已经完成的部分。用简单完整句表明这一部分要说明的内容。

用不同的字号和颜色突出关键点。用小图片让画面更活泼。

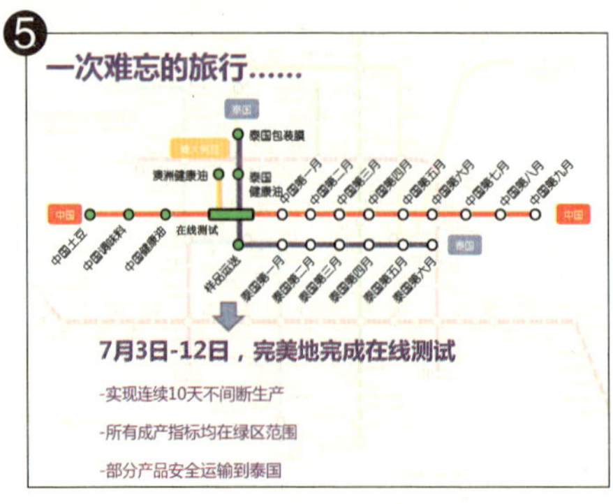

用章节过渡页表示到下一个阶段。

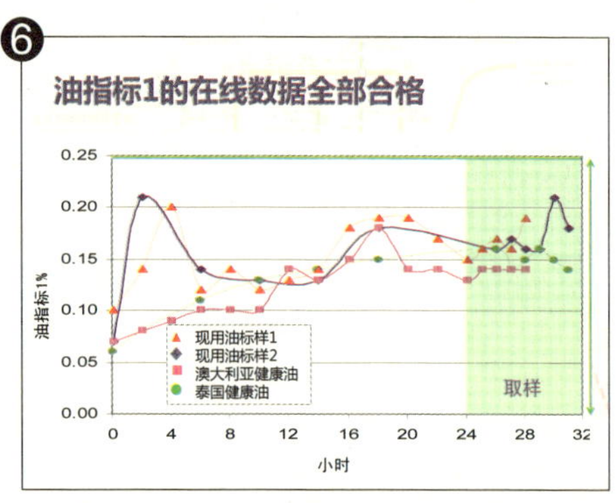

用绿线标出绿区，并用阴影表示出取样部分。因为是最终项目报告，必须保留原始数据，而不能过度图像化，只用简单的图片说明没问题。那种只有一张图的PPT不适合这种项目汇报的情况，而适合对外的产品介绍。

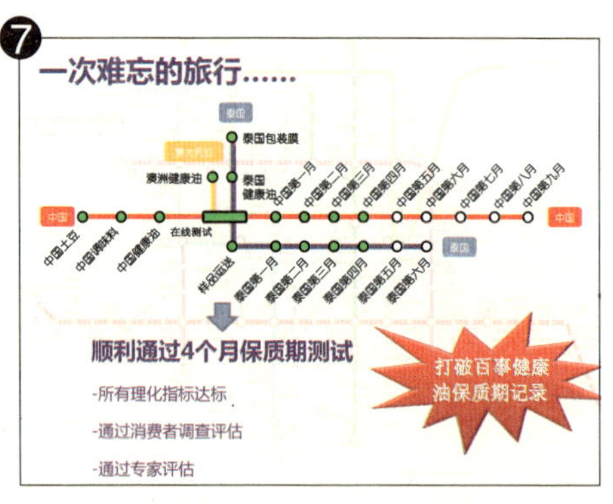

标注出数据背后更深刻的意义。

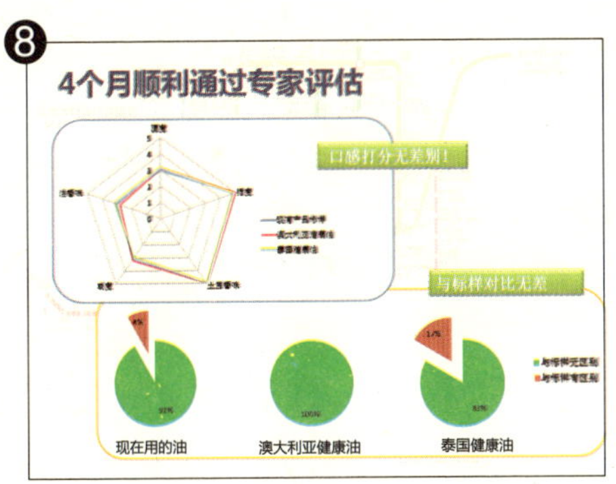

用不同的图表示不同种类的信息，并且用简单的结论标注，方便读者阅读。

标注出数据背后更深刻的意义。

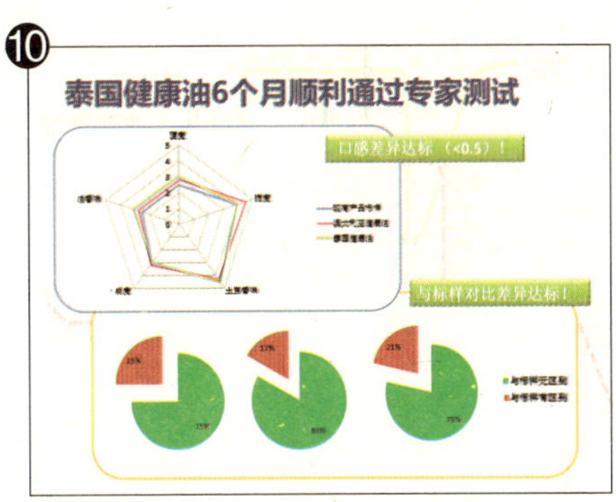

与前面类似的内容要保持格式上的一致，连图标的颜色都要一致。

让老板看到项目背后更可贵的东西。

有了这么好的构思和框架，我很快就把内容填好了，美滋滋地发了一封给马克看。其中一半是为了让老板过目，而另一半是要臭显摆我的创意。我正期待着马克夸我呢，谁想到，马克先是微笑，但没看两页，就把我叫到电脑旁："栗子，你过来看，你看出什么问题来了？"马克指着工厂测试的一页数据给我看。我以为是我的数据出了问题，盯着图看了半天。"没错呀，挺好的，这是我们在工厂的测试数据呀。一点问题都没有。""你忘了卡罗斯说什么了？如果你没有自己的观点，你只能做一个试验员。作为一个研发经理，你必须要表明自己的观点。你看看，这里的题目只有一个：工厂测试数据。谁知道你要说什么呀。你看看，这些页都跟试验员似的。这不是栗子水平的幻灯片，我不要。”“哦，明白了。我后面全都要改。”我真的有几分扫兴。自己这么好的创意居然没换来预期的表扬。马克，我太了解了，如果他不是兴奋地说：“干得好”，那么就意味着他不满意。他从不批评人，这次就算相当严厉的了。我自己这些年来的进步全都是仰仗马克的指点。他给我的空间很大，但同时对我的要求也很高。为了满足他的期望值，我把对自己的要求定得更高。我喜欢马克带新人的方法，他不是手把手教你的那种老板，而是指明了方向，再送你一鞭子，让你朝着正确的方向快马加鞭。这是我在其他老板身上很难找到的素质。很多老板纠结在宏观管理与微观管理中间，不知道如何选择。其实我的感觉是，路线上要微观，手段上要宏观。比如马克对我这个PPT的指导，我虽然扫兴而归，但我知道自己要做什么，很快就把所有的页标题都改成了副标题，一部分说明内容，一部分用简单完整句说明结论。马克这才点头笑了，说了句：“干得好。”看到他笑了，我那时候暗自想自己可以放心地给他交辞呈了，但结果却是，报告通过了，辞呈被打回来了。

我的PPT是全组的小高潮，维多利亚问了我很多问题，对我们的结果给予了充分的肯定。我们组讲完出了会议室，饮料组进去汇报了。我跑到马克办公室问他：“到底怎么样？”马克很开心，他告诉我：“嗯，维多利亚大概跟我说了一下给你的安排。你可以回北京，不过是暂时的，最终还是要去上海，给你安排的是去另外一个组，汇报给南希。”我一下子傻在那里，彻底的，彻头彻尾的。“我……我……我……我……”我好几次想说什么，又不知道怎么说，“我辞职！”“为什么？！”马克吓了一跳。他以为这对我是个好消息，但他不知道我一直不喜欢南希，我从不跟他嚼别人的舌头。“我非常感谢你和维多利亚的努力，但我无法接受这个工作，这个老板。对不起。”“栗子，你要想清楚哦，这个工作很好呀。你还可以在北京。”“马克，我舍不得你，舍不得百事，但我接受不了这个工作加南希。我能还汇报给你吗？”“很遗憾不能了，这已经是维多利亚的决定了。你要不今天先回去冷静冷静吧。我真的希望周一还能见到你。”马克递给我几张面巾纸，让我擦眼泪。我扭头回到自己办公室，收拾包就从后门走了。连跟维多利亚打个招呼都没有。从此之后，我跟维多利亚再也没有见过面。

回到住处，我给老妈拨通了电话，她还在等我第二天一早回家。我说我不知道是辞职还是留在百事。老妈说了：“只要你回来，快快乐乐的就比什么都强。”我只带了一只箱子去了机场。

6 请原谅我不辞而别

周五早上到了北京，我回到家一句话没说，小睡了一会儿，就拿上复习材料去北大的教室里准备第二天的考试了。十年前，每个晚上，我都在这里准备高考。晚上十点再骑车回家。那时候筒子楼似的二教，现在已经被一个新的现代化的二教大楼代替，论气派、论硬件，真是赶超美国的大学。我手里拿着书和复习题，脑子里却没了十年前的平静。实在看不进去书，就走到未名湖边，思考人生。我拿起跟老爸借的手机，拨通了马克的电话：“马克，我不回去了，对不起，谢谢你。健康油项目报告的最终版本，我临走已经放在了公共盘你的文件夹下面我的PPT文件夹里。”这个文件夹里都是我几年来做的各种PPT的报告。马克什么也没说，除了一句：“好的。”在语气里我听出了几分失望。至少我知道，他很难向维多利亚交代。放下电话，我捧着脸哭了。

周一，我的信箱里多了一封马克群发的信。

大家好：

我在这里通知大家栗子已经决定离开百事回到她的家乡北京。栗子的最后一天是上个星期五，6月27日。很遗憾由于时间关系，我们没能正式地跟栗子说再见，但是请通过她的E-mail给她发去最好的祝福，祝她在北京幸福地生活。

马克

晚上我专门给维多利亚回了一封信。

亲爱的维多利亚：

请不要怪罪马克，是我自己的决定。我真的非常感谢这么多年来，你和马克对我的关怀，就是在这样大的重组事件中，你还始终惦记着我的事，这让我有说不出的感动和内疚。

虽然我不能成为你的下属了，但我希望我们保持联系。

衷心说声谢谢！

栗子

就这样，没说一声再见，我离开了我亲爱的百事，她好像是我的初恋，让我永远不能忘记，她更像一所学校，让我学而知不足。后来，我顺利地通过了项目管理师资格认证，却再也找不到一个机会那么畅快淋漓地和伙伴们为一个项目痛并快乐着了。

我并不害怕人生的低潮。还记得我在曼谷非常郁闷的时候，和一个同学聊天。他告诉我：“栗子呀，你，我是知道的，凡事都很要强，凡事都要追求最好，争第一。但是，你知道吗，很多时候，生活是需要放慢脚步，慢慢欣赏的。”听了他的话，我做的第一个改变就是走路去办公室上班。我当时住的地方离公司有一站轻轨。从前我总是抱怨街上太热太乱，都是简单地坐上轻轨，从A到B，两点一线。但当我开始走路上班的时候，我才发现清晨的曼谷有太多我从没关注过的景象：一早卖花的商贩，一早跪在佛像前祈祷的女孩，一早出来化缘的和尚，挨家要吃的野狗，他们美吗？不都美，但他们是生活的一部分，是被我忽视的一部分。从那天起，我找到了一家卖豆浆的小摊，只要五泰铢（约人民币一块钱），夫妻两个人，一个人收钱，一个人用大勺子舀一勺半乳白的豆浆倒到一个塑料袋里，然后根据客人的要求加一些辅料，再用皮筋漂亮地扎好，放到一个小塑料袋里，放上一根吸管。我第一次用手指了两样辅料：黑芝麻和薏米。但没想到从那儿以后，每次我只要往他们小摊边上一站，他就会主动地包出加了黑芝麻和薏米的豆浆，哪怕是我出差一个月再回来，他们还是会提供同样的豆浆给我。对我来讲，这是一种关怀。而每次，我都会冲他们笑笑。所以，生活中放慢脚步也许你会到达目的地比别人慢，但你的收获和快乐可能比别人更多。

都说，唐僧师徒取经，经过九九八十一难，最终立地成佛。我们做健康油项目也几多周折。不敢说我们是榜样，我只想说，我很幸运，人生中有那么多人陪我度过难忘的项目里的日日夜夜，一个让我思考、促我学习的项目。职场里没有人能成佛，但总可以成熟、快乐！

彻头彻尾地分享这个项目就是希望让我的一点点经历帮你工作更轻松，为人更豁达，也为了送给那些陪着栗子哭、陪着栗子笑的好朋友！

不懂项目管理 还敢拼职场

附录

解密跨国项目管理的组织结构

1 让学习成为一种习惯

回到北京之后，我做得最多的事是思考。都说“不识庐山真面目，只缘身在此山中”，对我的头一份工作，自己到底做得如何，自己到底学到了什么？只有当我跳出那个环境，才能更客观更冷静地回头来看。

我自己觉得，百事带给我最大的变化是明白了终身学习的概念。刚加入百事的时候，因为专业不对口，所有的东西都要从头学起，后来由于工作的需要，又学消费者调查，学项目管理，学给大老板做报告。我彻底明白了为啥库玛面试我的时候说，他博士毕业后来到百事这所“大学”就再没能毕业。比起他，我是一个半路逃跑的坏学生。即使是半路逃跑，这段经历也让我足足想到现在，总结到现在，分享到现在。是百事一个又一个项目让我真正爱上了项目管理。而PMP（项目管理师），也是上够了学的我，毕业后头一次背起书包去上考证的辅导班。当时趁着一次在国内出长差的机会，我自费报的这个辅导班。这个时候我才发现大多数考PMP的都是做IT的，只有30%左右是其他行业的。我本来对上学、考试已经深恶痛绝，一个打死不愿意当女博士的人，一个被清华的挫折教育折腾得几乎只剩挫折的人，怎么可能有兴趣学习、考证？但这次不一样。我才发现，当工作了几年再来学习自己真正有兴趣的东西的时候是，这么有动力，这么有感触。也许对很多人来讲，这是个资质认证，而对我，这是一次提高和总结。我想起当时在达拉斯总部碰到的一个非常内向的美国人，他告诉我他四十一岁回学校读的博士。我当时诧异得下巴差点掉了。他很平静地告诉我：“其实到了那个岁数，你就觉得自己准备好要再学新东西了。”四十一岁付出五年的时间读博士，没能帮他毕业后找到多么好的职位，他依旧是个工程师，但他告诉我他觉得自己很满足，一辈子不会后悔。我当时半点都不理解，觉得从哪个角度衡量都是一个错误的选择。但我现在慢慢地理解了。学习给人带来的满足远远不是升职或者金钱能够得到的。也许这就是古人所追求的“朝闻道，夕死可矣”吧。

也是因为这次考证经历，三年后，我把刚刚到手的《别告诉我你懂PPT》的第一笔稿费交到了北大，报了一个市场专业的在职硕士班。从此，每个周末我都背着个大书包，跟着一帮80后上课。最有讽刺意义的是，我们上课的地点还是在二教。其实再多一个硕士学位对我并不重要，我只是很高兴能够有机会到我喜欢的学校来读一个自己真正喜欢的专业。学习真的是一辈子的事，是苦事，更是乐事。

所谓学而时习之，学以致用是根本。在系统地学完项目管理后，我回过头来看我们的健康油项目，真是有太多可以总结的地方。也许前面分享的很多小工具你会觉得还挺实用，但其实附录里的东西在我看来才是真正的拔高和提炼，只不过对大多数人来说恐怕觉得离自己有些远，但如果你是一个公司领导，或者是一个大项目的组织者，千万别错过下面这部分。这部分我想和大家讨论：如何让一个健康的组织结构帮助一个跨国跨地区跨部门的项目更顺畅地进行。这个模型是源于健康油项目，却又高于健康油项目，适用于所有跨国或者跨地区跨部门合作的复杂项目。

2 别以为矩阵组织结构是万金油

项目管理帮我找到了很多无意识下做对事和做错事的理论依据。而且，据我研究，我们这次健康油项目之所以可以这么圆满，一方面是因为马克要到了精兵强将，但更重要的一方面是，我们无意中组织出了一套跨国项目团队组织的好方法。德鲁克说："管理的重点在于建构一个好系统，让人的长处得以发挥，短处得以包容。"做项目不能总指望着与铁搭档合作，所以提炼出可以复制的经验才是最宝贵的财富。这种结构保证了沟通的顺畅。而沟通往往又是跨国、跨地区项目最大的障碍。德鲁克提出的七种创新来源里，第一个来源就是意外的成功或失败。思考成功背后幸运以外的规律性的东西，往往可以帮助你复制成功。为此，我把我们这次项目所创建的新型组织结构总结了一下，希望得到懂它的知音。

先来说说哪里飞来这么多跨国项目。其实什么全球化啦、地球村啦这类的概念已经忽悠很多年了。我们现在早就可以坐地日行八万里，在短时间内从地球的一端飞到另一端。然而，交通的便利、网络的发展并没有完全解决跨国公司复杂的交流问题，这些问题反而随着跨国公司在各地的根深叶茂变得更加复杂。据统计，截至2006年，全球就已经有超过六万家跨国企业。从前这些跨国企业中，很多只在海外建立了简单的销售办公室，而现在则逐渐转变为在当地建立结构与总部类似的子公司。就像百事一样，这些子公司有着与母公司类似的完整部门结构，如研发、市场、销售、生产等。随着这样的企业增多，跨国项目也越来越多。在国内，一些大的公司也开始在各个地区建立跨地区的相对独立的分公司，他们的情况与这种跨国公司非常类似。而"跨"字本身就导致了这种项目的独特性。我们以这个健康油项目为例子，看看跨国项目的特点。

首先来看看跨国公司的组织结构。传统的组织结构有三种：项目型、职能型、矩阵型[1]。

所谓项目型，是指那些一切工作都围绕项目进行、通过项目创造价值并达成自身战略目标的组织，它们采用的是项目经理负责制。它是彻底的树倒猢狲散的机构。一个项目结束，大家就都回家了，等着下一个项目，最好的比喻就是月嫂。这

[1] Figures 2-6 to 2-11 in the PMBOK® Guide [PMI，2004].

种结构除了一些劳动密集型的大型工程组织，例如建筑行业，通常都很少采用。

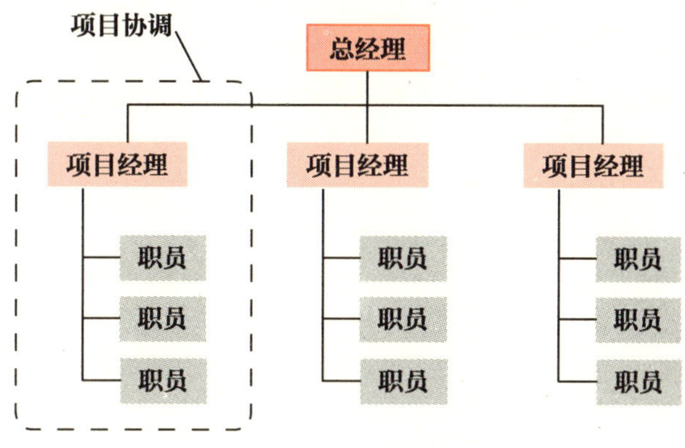

（灰框表示参与项目活动的职员）

职能型就更容易理解了，就是一个公司，分不同的部门，每个部门有一个领导，然后有一层层的汇报关系。如果在这种组织结构里当项目经理，就比较辛苦，因为在职能型组织结构中，项目经理在公司内部的级别低于部门经理。别小看这个级别，它直接导致了低级别的项目经理没有办法有效发挥正式权力，会让项目经理很难说服更高职位的职能经理为项目提供很好的资源。如果项目经理都是低职位，尤其当需要跨部门合作的时候，这种壁垒就会更高，资源就更难得到。当大家意识到职位与权力和资源结合到了一起，就会都琢磨着怎么升职。

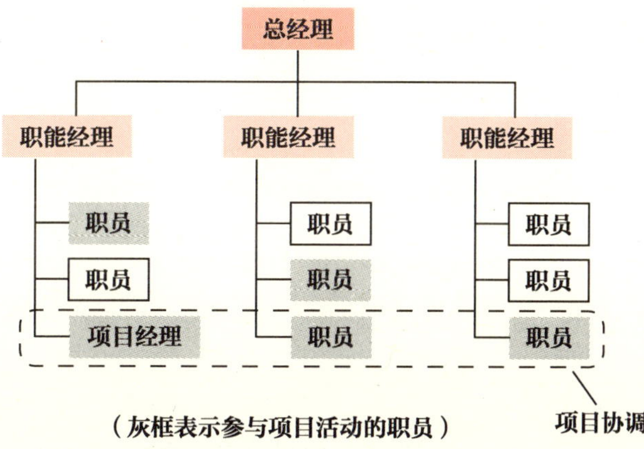

（灰框表示参与项目活动的职员）

聪明人总是有的，为了综合前两者的优点，矩阵型组织诞生了，而且颇受一些咨询公司的追捧。矩阵型组织结构的定义是：在一个机构的机能式组织形态下，为了某种特别任务，另外成立专案小组负责，此专案小组与原组织配合，在形态上有行列交叉之式，即为矩阵式组织。

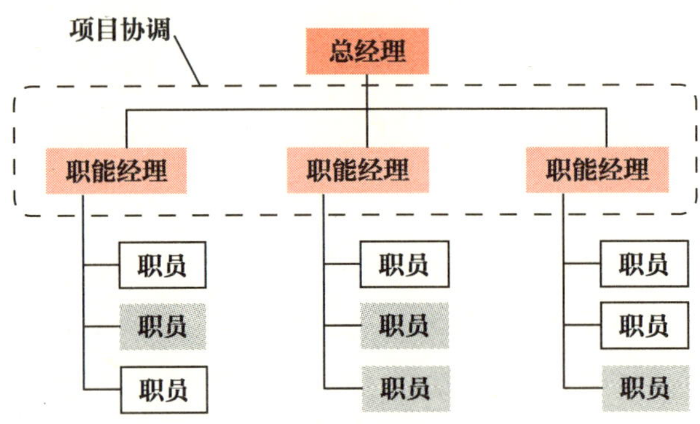

（灰框表示参与项目活动的职员）

当我们的“神舟”系列宇宙飞船顺利升空的时候，美国有些媒体抨击说是钱学森偷走了美国航天技术。其实他们误会了，那么多年前的技术早就不是什么秘密了。钱学森真正带给中国航天最大的价值是矩阵型组织结构这个软技术。但是，这种组织结构并不是放之四海都能发火箭的。在这种组织结构中，团队成员总要面临伺候两个领导的问题，一个是职能部门的领导，一个是项目经理。英语里讲，No one can serve two masters，中文说忠臣不侍二主，都是一个道理。伺候两个老板可不是那么轻松的事情。尤其在这种跨时差、跨语言、跨文化的跨国项目中，如果简单采用矩阵型项目结构，表面看上去是把组织的复杂性交给项目经理、把技术的复杂性交给了职能经理分别来处理，然而，事实却和美好的愿望背道而驰，反而正是这种硬性分家导致了项目团队成员遇到问题时进退维谷，不知所措，不知道到底应该听哪个老板的调度。另外，在现实工作中，即使是在矩阵组织结构中，一个员工除了这个项目外，还有很多其他项目和工作，所以大多数情况下员工的工作考核还是由他直接汇报的职能经理负责。也正是因为职能经理更有话语权，一旦这个项目没有得到职能经理的足够重视和支持，下属便看人下菜碟，自然地会把项目中的工作放在自己所有工作中较低的优先级上，这很可能影响项目的进度。说得这么热闹，这三种结构只是二维的仅有直接汇报关系的组织结构，说到底也只能描述跨国公司中分公司的组织结构，算是管中窥豹。而真正的跨国公司的组织结构，可就没这么简单了。

跨国公司的组织架构是一个至少三维的结构，这三维分别是：职能、地区和级别。比如，一个地区子公司总经理会直接汇报给公司总部的首席执行官，然而，这个子公司各个职能部门的最高领导却不得不面临更复杂的汇报关系。举个例子，比如亚太区的总经理就直接汇报给首席执行官，而亚太区市场部的总监将直（间）接汇报给亚太区的总经理，但同时还要间（直）接地汇报给全球市场副总裁。

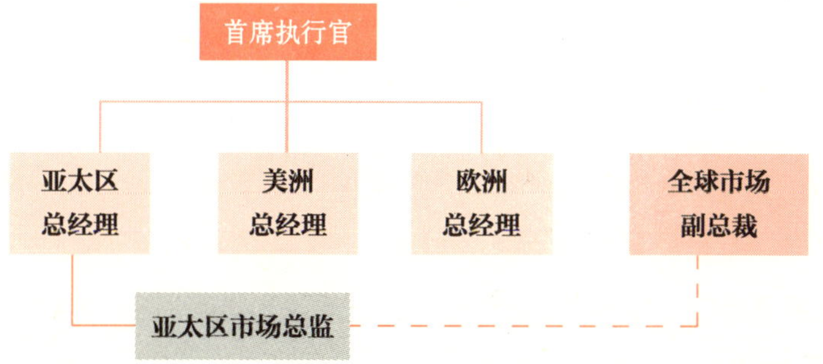

这么复杂的汇报关系可不再是我们通常理解和勾画的只有部门和上下级关系的二维三角形了，而是增加了一个地区维度。这时组织结构自然地形成了一个三维的金字塔。为了方便理解，我用下面的魔方来演示。

如果这个公司是以职能部门构架的，在这个金字塔下层和最上级的员工

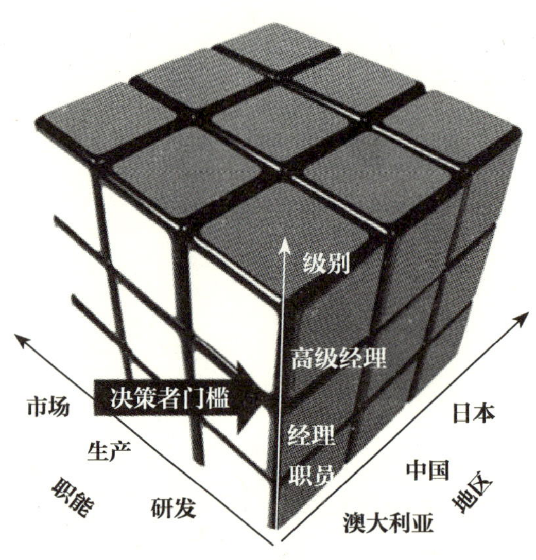

有且只有一个直接汇报的领导，比如我自己这个小虾米就只汇报给马克。我这样的员工，除了同组的同事以及自己的下属以外，与相似级别的其他同事建立起非正式的关系是非常重要的，这就是马克从我在总部培训时就嘱咐我要培养的人脉。这种关系包括同一地区不同职能部门的，比如和我同在亚太区市场部的同事，以及不同地区同一职能的，就像我和小邱、瓦丽的关系。像我这样的员工，在组织中要处理的关系主要有：正式汇报的上下级关系和非正式的无汇报关系的平级关系（包括同一地区不同部门，以及不同地区同一部门的）。

这种三维结构也许你平时并没有特别关注，其实它给我们带来的麻烦可真不小呢，尤其是在沟通上。

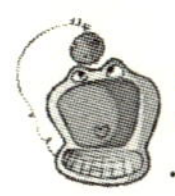

3 跨国项目天生就是块难啃的骨头

刚刚说了这么多，都是说的公司的结构，我们再来倒腾一下项目的组织结构。既然项目是在公司内进行，那么所有的项目团队的组织与建设必须符合公司本身的组织结构，于是公司的组织结构就反过来成为项目团队建立时首先要考虑的约束条件。就好像藤与架的关系，藤必须依附在架上才能生长。

当一个跨国公司在倡导全球化，想着做跨国项目的时候，第一个要回答的问题反而是：真的要做跨国项目吗？很多公司往往为了体现我们是"跨国"公司，而非要把项目"国际化"。大炮轰蚊子往往还真的不如苍蝇拍打得准。在所有的职能中，有些职能地域特色很浓，比如销售，就不适合开展跨国项目。只有那些通过全球资源整合能够发挥更强作用的部门，比如技术和物流、采购等部门，才适合做跨国项目。

当确定了跨国项目是最佳选择以后，一个项目团队往往是由多个部门和地区组成。在这种情况下，团队的组成人员来自不同的地区和部门，经常会形成跨时区、跨部门、跨汇报关系的多语言文化的虚拟团队，就好像我们的健康油项目，参与的有美国人、泰国人、中国人、澳大利亚人，研发部、采购部、生产部。所有这些因素都极大程度地增加了交流的难度。项目经理的一大任务就是帮助每个人在这无形的空间里寻找着自己的坐标和空间，建立并打通之间的沟通渠道。

同时，决策层对项目的影响，尤其是在项目的早期的影响更是不可小视。这事就好像两人搞对象，父母如果不同意，肯定就早早地棒打鸳鸯，而一旦生米做成熟饭了，父母也就啥都不说，接受现实了。但老板比父母狠的一条是他可以无情地炒你鱿鱼，所以项目得到上层的支持相当重要。虽然一般员工可以通过自身多年修炼的专家权力或者信息权力来影响和参与决策过程，但决策的最终制定还是由高层完成。这些高级管理人员无形中形成了一个“决策者门槛”，职位比这个门槛高的，说话是有分量的，而比这个低的，您说得再有道理也没人听。门槛的高低往往取决于组织的文化和项目的特点。比如，我们的健康油项目就是亚太区当年重中之重的项目。我这个小虾米有再多的想法也只能是执行层面的，像拍板确定项目范围、申请更多的经费之类的事，就得马克和戴希蕊他们老大们在一起商量了。这种门槛的形成有可能是正式设置的，也有可能是自然产生的，但它是现实存在的。所以，如果作为一个项目经理，您的级别没有达到这个门槛，您的项目团队可能会被迟到的甚至是错误的决策折腾得很惨。您也不能怪老板们，因为这样的结构就决定了决策者很难得到最真实的第一手的项目进展信息，所以老板们很难对项目的生死存亡及方向作出既及时又正确的判断。很有可能您的项目组已经沿着一个方向走了老远，忽然看见老板在后面招手，告诉大家走错了方向，白忙活一场。这样最容易导致“一鼓作气，再而衰，三而竭”的杯具。这种决策者与项目经理之间的级别断档造成的交流真空，往往是项目执行中产生矛盾的主要因素。

4 3-2-1，1-2-3，几步理清组织结构

说了这么多困难，就没点乐观的吗？有，答案就藏在我们健康油项目的成功里。当我重新梳理这个自然形成的项目组织结构的时候，我忽然发现，这种结构成功地解决了很多交流上的矛盾。而这个组织结构的形成的过程可以总结

为3－2－1，1－2－3。

这个新方法是基于跨国公司本身的组织结构特征的。首先，发起人需要决定一个项目团队的基本面（三维到二维）。这个基本面可以是职能，也可以是区域，但绝不能交叉。再在这个基本面上确定项目经理（二维到一维）。这个项目经理应该是发起人的直接汇报者之一，并且这个项目经理在公司本身的职务应该足够高，可以作出与项目相关的重要决定。接下来，项目经理将要在这个基本面上建立核心项目团队（一维到二维），最后，这个核心项目团队通过自己其他纬度上的关系建立起三维的项目团队（二维到三维）。

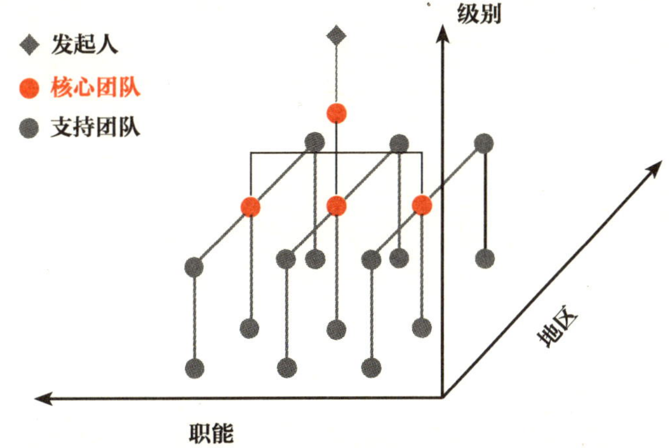

我们就以健康油项目为例子，具体说说这个组织结构的形成过程。首先，这个项目是亚太区的跨国项目，牵扯到采购、研发、生产、消费者调查等好几个部门。亚太区总经理确定了这个项目由研发部负责，那么我们研发部门就是项目的基本面。在研发部这个二维的基本面上，我们有共同的技术语言，彼此有正式和非正式的汇报关系，所以交流在这个平面内变得更加通畅。然后，在这个基准面里，确定了马克为项目经理，这是所谓的二维到一维的过程。这条线的两端就是发起人——亚太区总经理和项目经理——马克。同时，马克的级别足够高，可以直接与上层对话，沟通项目的情况，拍板作决定。另外，中国和泰国的研发负责人也得到了上级的指示，要求他们支持我的项目。他们与马克是同级别，这样马克就很容易与他们平等地沟通，从他们那里得到精兵强将。但同时，中国和泰国的研发总监又不是项目的正式成员，这样就保证了马克在项目里绝对老大的地位（当然，老大也得靠人品挣），等马克要来了人以后，我们项目的二维组织结构就形成了。所有的核心人员都是在研发这个基本面上。接下来，核心成员再用他们自己的关系网，在与基本面垂直的地区平面上跨部门合作。比如，小邱和黄志负责帮我们搞定上海工厂，瓦丽负责协助泰国这边的进出口，我负责联系亚太区的采购。这样纲举目张，就避免了交叉交流容易导致的误会和混乱。

这让我想起在健康油项目中被戴希蕊气得“第一哭”。当时我刚刚接过项目，就去找瓦丽了解一下情况。瓦丽告诉我泰国的市场部已经对这个项目做过一些调查，建议我去问问。她给了我一个人名。我就客客气气地给对方发了封E-mail，问什么时候可以聊聊。几天过去了没有动静，结果可好，有一天，戴希蕊拎着一张打印的E-mail气急败坏地冲进我办公室，“啪”地往桌子上一拍，吼道：“Stop doing this！（别干这种事！）”转身就走了。我这叫一个丈二和尚，还没等我问个所以然，眼泪就哗地下来了。我捡起被她转身的气流裹挟到地上的纸，发现是我给泰国市场部的那个人的信。这封信被他转给了他老板，问：“这是怎么回事？”然后他老板又转给了戴希蕊说：“不是你们亚太区做吗？这个栗子是干吗的？”我怎么也没想明白，我为了项目多方搜集信息，错在哪儿了，而且这是瓦丽给我的建议呀，我到底要停止干什么？那是我第一次被戴希蕊弄哭鼻子，所以哪怕其中的细节我都一直记得。可这么多年了我一直没想通，直到总结我们项目的组织结构的时候，我才发现原来我错在把项目交流的路线打乱了，就好比把一个魔方打乱了。我和瓦丽是同在研发层面的，她和泰国市场部是同在泰国分公司层面的，我和她交流是对的，她和他们市场部交流也是对的，但我和他们市场部交流就是大错特错的。所以，经常被忽视的项目组织结构如果没有被足够重视，就容易产生误解，说得更严重点，就是“项目伦理”问题。这也验证了，老板对你发火永远有他的理由，哪怕你觉得委屈，你也有做错的地方！

5 命令往低处走，信息往高处流

三维的组织结构框架建立好之后，信息就要在其中流淌。在组织结构中有一个类似人体神经的系统。索尔顿（Salton）等人提出了组织神经系统理论[1]，他运用这个理论解释了组织中信息的传递。研究显示，在组织神经系统中，越是与决策者关系紧密，决策者的行动对他的影响就越大。当我们把这个理论套用在项目管理中时，就会发现通过3-2-1、1-2-3建立起来的项目组织结构非常符合这个理论。首先，项目经理非常接近决策者，也就是项目的发起人，这样有利于命令自上而下地传达。所有的命令都是以发起人为源头，类似于物理中说的势能，自上而下地传递，在传递过程中，会有一些跨地区或跨部门的水平方向的通知。但这比起传统的职能型组织结构的项目团队中，项目经理级别低，需要向上越过部门经理这道梁才能传达的情况要好很多。试想，如果我是该项目的项目经理，那么以我的级别是很难与决策层直接沟通、拿到资源的。团队成员也很难听从一个低级别项目经理的领导，这样我

[1] Salton G. J.，The “I Opt”® Map，[J].Journal of Organizational Engineering，2006，Volume 6/Number 1.

会面临更多的不可能。

可是神经末梢得到的信息又怎么才能够快速传达到神经中枢，帮助作出正确的决定呢？依照传统的三种组织结构，信息都要归总在项目经理那儿。可是在这个新的组织结构中，项目经理是个高层大忙人，不可能处理那么多带着噪声就飘过来的信息，这里必须加一道净化装置：收集──►过滤──►升华。而谁来完成这个工作呢？拉拉队长！也就是项目经理的助手。这个想法和德鲁克的居然不谋而合[1]，他也建议在一些岗位上安排助手可以大大提高工作效率。这个助手可不能是描眉画眼踩着高跟鞋的美女秘书，一定要像咱这样"上得厅堂，下得工厂"的专业人士，可以帮项目经理作一些小的决策，处理一些零碎的具体事务。这个活挺不好做的，所以我一本书都在发牢骚，但实际上特别锻炼人。有一次我去面试一家公司，跟人家吹牛说我在这个健康油项目里做项目助理。对方不屑地说："那是个啥都不干的职位。"我也同样不屑地回答："哦，那是在你们这里吧。"可想而知面试的结果了。哈哈，应了我那句interview就是互相看了，但更应了我那句话：当你得个棒槌就认真的时候，你一定会收获很多意想不到的东西。通过这样一个拉拉队长的角色，项目经理可以同时负责很多的项目，项目团队人员也不会因为找不到项目经理这个大忙人而不知所措。所以我总结了一句话：项目经理是项目灵活机敏的大脑，而项目助理则是项目火红火红的心脏，项目的核心团队是千手观音的手。

对支持团队再多说两句，这个项目很可能不是他们的优先级别高的工作，但是一旦该部分项目工作成功，就一定要被看做额外业绩的工作，而万一失败则不必过多追究责任。比如，我们的工作对工厂就不是在责任范围之内的，人

[1] Drucker, P. F., Management: Tasks, Responsibilities, Practices, [M]. NY: Harper &Row, 1974.

家帮我们完成了，我们应该对对方表示感激，而且这项工作应该在年终的评定中体现出来，而如果项目失败了，对方也不应该被追究责任。我把它叫做“志愿者无罪”法则。就好比当时瓦丽帮我连夜包装了样品，帮了我一个大倒忙一样，好心做的坏事一定不能追究，只有这样，才能够更好地调动支持团队的工作。

6 权力的美不在于强，在于平衡

在这样一个组织结构中，项目团队中每个人的权力都得到了充分的发挥。首先，发起人和项目经理的正式权力和团队成员的专家权力在这个组织结构中被最大化了。我们前面也说过项目中的五种权力。这是弗伦奇（French）和雷文（Raven）首先在1959年提出的[1]，分别是正式权力、奖励权力、惩罚权力、专家权力和参考权力。后来，赫尔希（Hershey）和布兰查德（Blanchard）又在此基础上增加了两种权力[2]，分别是人际关系权力和信息权力。这两个权力的增加也恰恰符合现代跨国公司的特征。

虽然通常人们总以为权力越高越好，但是，就每一种权力而言，其权重在整个项目团队的不同成员身上应该有不同的体现。另外，在一个健康的项目团队中，各种权力应有效地平衡（Stuckenbruck，1981）。比如，正式权力对项目经

[1] French，J.R.P.，& Raven，B.，‘The bases of social power，’ [A] in D. Cartwright（ed.）Studies in Social Power. [M]Ann Arbor，MI：University of Michigan Press，1959.

[2] Hershey，P. and Blanchard，K.H. Management of Organizational Behavior：Utilizing Human Resources，4th ed.，[M]. NJ.：Prentice-Hall，Englewood Cliffs，1982.

理就比项目成员要重要，而专家权力则反过来，对项目核心成员更加重要。

在一个组织中，各种类型的权力已经自然地存在。那么当组建项目团队的时候，就应该系统地考虑这些权力，把它们有机地整合在一起，使项目得以顺利进行。比较起其他类型的项目组织结构，我们在这里提出的新的组建项目团队的方法，它将最大程度地整合现有的力量，组建一个健康的项目团队。具体的权力分析请参照表格。表格中的“高”“中”“低”全部参照项目经理而言。

项目团队中的七种权力平衡关系

	正式权力	奖励权力	惩罚权力	专家权力	参考权力	人脉权力	信息权力
发起人	高	高	高	低—高	高	高	高
项目经理	高	高	高	低—高	高	高	高
项目助理	中	中	低	低	中	高	高
核心团队	低	低	低	高	低	中	低
支持团队	低	低	低	中	低	低	低

所以，综上所述，在一个跨国项目中，组织应该首先确定项目的基准面，在基准面上确立级别足够高的项目经理，再由项目经理在基准面上选择核心项目团队。之后，核心项目团队通过自己的非正式关系，在与基准面垂直的另一方向的组织结构上联系相关的非核心团队，最终构架出三维的项目团队。为了保障项目团队的顺利运行，建议给项目经理安排项目助理，帮助完成信息收集，并做小范围的项目决策。这将极大地提高项目沟通效率，从而提高项目的效率。

这样一个提炼出来的项目组织结构，才是健康油给我带来的最大的收获。我们的健康油项目就是通过这样一个符合跨国公司特点的三维组织机构，把人聚在一起，把交流的渠道打通，平衡了各种权力，再加上老天爷帮忙，让我们圆满完成了项目。真的希望你能体会到其中的奥妙，当然也欢迎来和我一起讨论。

后记

安排的是命运，奋斗的是人生

转眼间，我离开百事三年了。这三年里发生了太多太多的事。我不由得感慨人生就是这么的变幻莫测。

卡罗斯离开了百事，具体的原因谁也不太清楚。有人猜想是公司重组过程中政治斗争败下阵来。不管什么原因，他是我的恩人，他给了我一生中最高级别的职场教诲。我还和他保持着联系。

维多利亚也离开了百事，去吉百利做全球糖果研发副总裁。卡夫并购吉百利没有给她带来什么负面影响，但没想到在一次铁人三项运动中，她从自行车上摔下来，差点丢了性命。两个月后，我再问她最近如何的时候，她的回信是："我做得很好！"我真受不了这样的女强人，都摔成这样了，还好呢！真是煮熟的鸭子——嘴硬。不过这就是她的性格，"放弃""失败""不可能"这些字眼早就从她的词典里抠去了。

戴希蕊也离开了，而且让人感慨的是，她是"借着金融危机的西北风"被公司吹走的，静悄悄地走的，干了十年曾经汇报给如今首席执行官的人，居然连封公告都没有就走了，比我还静。

马克换到了饮料组，手下多了不少人。我和他见过几面。上次见面的时候，他告诉了我一个好消息：他戒烟了！顿时，他在我心中的形象高大了N

倍。我问他有什么感觉？他说就是会觉得压力大，但慢慢就好了。他还告诉我，他的办公室换到了从前戴希蕊的那间，搬过去的第一件事就是挪桌子，一来换换风水，二来偌大的办公室，还能分区出一个小会议室。

黄志工作还是老样子，不过最让他开心的是女儿被康奈尔大学录取。本来没想让女儿这么早就出国的，但没料到一直奔着清华北大去的女儿高考发挥失常。这反倒成塞翁失马了。真心地祝贺他！

小邱不但事业升级了——主管上了台湾的研发，人生也升级了——当了妈妈。她从结婚到生子可谓神速，让我掐着指头算了好久是不是补的票。哈哈！这当然是玩笑。她对她家的保姆特别好，本来给我留的世博会门票都送给了保姆。她告诉我人心都是肉长的，对人家好就是对自己好。

瓦丽也升级了，负责泰国所有的研发。听说我们的健康油快要在泰国上市了。为此，两年后的一天，我们的健康油项目团队得了一个亚太区研发的大奖。可惜没有我的份。瓦丽说啦：栗子你的功劳我们是不会忘怀的。

最后说说我自己。回到北京我好像又变回了高考前十八岁的时候，疯疯癫癫，快快乐乐，天天勇于尝试新的挑战。新工作比较按部就班，不需要项目管理，也不需要创新。回到北京，我只做了两件事：学习+分享。

人的确斗不过命运，老天安排了生命的大方向，但在这个大方向上我们可以选择不同的方式。每一次的转折，每一次的机遇，都没有好坏之分，所有的一切都是塞翁失马。我曾经在出国与回国的选择中失眠过，在生活与事业的抉择里彷徨过。我总想比较出哪个选择更好，但实际上我错了，选择没有好坏，而只是你沿途看的风景不一样。人生有得有失。关于幸福，太多的人有太多的说法，而我只信一种：

Misery person focuses on what he/she is missing，but happy people focus on what they have.

悲伤的人关注他缺少什么，而幸福的人关注他拥有什么！

请继续关注爱死你的栗子。

栗子的职场语录

◇ 别光听那些所谓的成功人士娓娓道来自己的工作是如何的机缘巧合，好像上帝是他亲戚，其实所有的人都逃不掉一开始漫无目的的大撒网行动。

◇ 世界上很多的“不可能”是自己找的退缩的借口，有一丝的希望和机会就应付出百倍的努力去争取。失败了生活只是原样，但万一成功了呢？

◇ 找工作就是个在绝望中等待希望的过程：投无数封简历，无边的等待，无尽的失望，永远不知道离成功到底有多远，然后只要你坚持，忽然一天，天上真的掉下来一个馅饼，而且就是那第六个。

◇ 面试叫interview，是互相看。不但企业考察面试人，面试人也要看看企业是不是人性化，企业的风格适不适合自己。

◇ 现在很多人迷信美国的教育，但我更感激我能够在美国和中国受到不同的教育。中国的教育教会我掌握知识、解决问题，而美国的教育教会我问正确的问题，利用工具找到捷径。

◇ 人生的每一个选择都有它的风险，如果不做选择，也一样有风险，因为你或许放弃了太多从身边溜走的机会。

◇ 分享自己的失败不单会让自己印象更加深刻，也会让别人少走弯路。

◇ 也许不单是做研发，做什么工作，第一线最基层的第一手经验都是最最宝贵的。虽然很苦很累很不体面很不小资，但那里却是让年轻人成长最快的地方。

◇ 一，凡事多问为什么，这是学习最快的方法；二，交朋友比学知识更重要！

◇ 跟对老板，待在你喜欢的气场里是非常重要的。

◇ 员工是公司雇来的，却是为直接汇报的老板工作的。

◇ 我们永远不能怪罪任何帮了倒忙的志愿者。他们是一心对你好，别让他们心凉。

◇ 所谓的专家也不过是能够看到更多的可预测的风险。他们或许能够让我们少走弯路，却不是能够保佑我们通向胜利彼岸的神仙。我们能做的，无非也就是避免部分风险，承担剩下的风险，然后努力做好每一步，减小负面风险发生的可能性。

◇ 成为真正的领导者之前，不可或缺的一项经验就是失败。

◇ 要想在职场里不狼狈，秘笈就一条：自己对自己的要求比老板对自己的要求高一些。

◇ 很多工作非常努力的人，觉得自己受排挤是因为“劣币驱逐良币定律”。其实您太高看自己了。职场上劣币并不多，没有足够的气势来驱逐良币。关键是很多人总拿自己当良币，把别人看扁了，没有授权周围的人。

◇ 当我们不能让所有人都开心的时候，必须有自己的判断，有自己的想法。做自己认为正确的决定是推动事情向前进的唯一办法。

◇ 世界上没有失败的项目，我们总可以从“失败”的项目中得到今后收益的东西。那么项目的两种结果到底是什么？项目的两个结果其实是：项目的成员下次还愿不愿意跟你一起做项目。

◇ 有的时候，当我们觉得山穷水尽的时候，不要放弃，很多人都愿意帮你，但他们不知道怎么帮你。厚着脸皮多替想帮你的人想几个“这样可以吗”的问题，说不定哪扇门就开了。

◇ 生活不是为了追求完美，而是为了我们心中的伟大的事！就好像一个加法算式，如果其中的一个数比其他的数高出几个数量级，那么其他的数字无论是正数，还是负数，都可以忽略不计。

◇ 人都不喜欢按别人的方法做事，而希望别人按自己的方式做事。你需要学会用他们的方式处理问题。

◇ 公司中很多部门是支持其他人或其他部门的。被支持的人应该把支持他们的同事当做最好的朋友，而不是奴隶。

◇ 我们这些坐办公室的白领，天天臭美着自己的高学历高智商，以为天底下创新最重要，但很多时候小小的细节却可能导致项目失败。

◇ 项目经理85%的时间是花在沟通上的。

◇ 我们很多时候都在哇啦哇啦地发出信息，并没有注重别人的反馈，更没有注意对比我们发出的信号和接收的信号是不是一致。原因就是我们太自信，做了一个大大的假设：我说什么，对方都听见了，并且听懂了。

◇ 在职场里不必要得罪的人不去碰。

◇ 办公室不是激发创意的好地方，它也同样不是化解矛盾的好地方。

◇ 对一匹千里马，会养马的人给它饲料，养得膘肥体壮，而识马的人则给它空间，让它驰骋。一匹好马，放在哪里它自己都能找到草料，但不是谁都能给它驰骋的机会。这是千里马的幸福，它有选择的空间，也是千里马的悲哀，因为伯乐难求。

◇ 我喜欢马克带新人的方法，他不是手把手教你的那种老板，而是指明了方向，再送你一鞭子，让你朝着正确的方向快马加鞭。

◇ 老板对你发火永远有他的理由，哪怕你觉得委屈，你也有做错的地方！

索引

THE
END